Coffee Regulation

CAFE MENU 84

카페 메뉴 84

이영민 지음

도서출판 오스틴북스

커피 레귤레이션 카페 메뉴
84

preface

우연한 기회에 커피를 직업으로 삼게 되고,
바리스타라는 직업 타이틀을 얻게 되고,
대회에 나가 챔피언이 되고,
커피 교육을 시작하고,
카페 컨설팅을 의뢰받고,
다양한 일을 커피와 접목시키는 커피 브로커가 되다.

이 모든 순간들은 우연한 기회를 통해 일어났지만, 그 과정에 순서가 있거나 중요도가 다르지 않다. 모든 순간이 어렵고 소중할 뿐이다. 시간이 흐르며 각 각의 분야에 투자하는 시간의 비중이 달라질 뿐, 나에게 커피는 그저 시작이자 끝이다. 단지, 남들보다는 조금 더 예민하고, 십분 더 집중하고, 더 오래 고민할 뿐이다.

2004년 4월 처음으로 커피메뉴를 책으로 선보였을 때에는 많은 부분을 커피에 집중할 수밖에 없었다. 하지만 시간이 흐르고 수많은 컨설팅을 진행해오며 소비자들의 니즈(Needs)는 커피숍 오너들의 이지(Easy)와 비례해야 한다는 생각을 하게 되면서, 간편하고, 빠르고, 맛있게 즐길 수 있는 보기 좋은 메뉴를 고민하게 되었다. 여기에 담긴 모든 메뉴들은 실제 카페 운영을 하며 고객들의 피드백을 통해 더욱 업그레이드 되었다.

실상 이 책에는 반짝이는 아이디어와 awesome할 만한 새로운 메뉴들을 선보이지는 않았다. 하지만 커피 메뉴가 필요한 누구나 쉽게 따라하고 즐길 수 있도록 구성하였다. 그 누군가가 커피숍 오너일수도 또는 홈 바리스타일수도 또는 일반 직장의 커피애호가 일수도 있기 때문이다.

2004년 "커피메뉴 77가지 베스트 커피 77"을 사랑해 준 독자 분들께 이 지면을 통해 늦었지만 처음으로 감사인사를 올리며, 새롭게 출간되는 "커피 레귤레이션 카페 메뉴 84"를 통해 음료 한잔에 담긴 수많은 이야기들이 전달되기를 희망해본다.

지은이 **이영민**

contents

Espresso Origin

Hot Coffee Variation

contents

Cold Coffee Variation

Ice Blend Variation

contents

Coffee Spirit & Cocktail

Latte Variation

Dessert

Tea Variation

PART 01

에스프레소

에스프레소 리스트레토

에스프레소 도피오

에스프레소 룽고

에스프레소 마키아토

에스프레소 콘 판나

데미타세잔에 제공되는 에스프레소 커피 음료

Espresso Origin

Espresso Origin
01

에스프레소

Caffè Esprèsso

에스프레소(Espresso)는 가압 방식의 에스프레소 머신을 이용하여 커피를 추출하는 이탈리아의 대중적인 커피를 말한다. 강렬한 커피의 풍미와 진한 농도가 특징이며 브루잉 커피에 비해 카페인양이 적다. 이탈리아에서는 스트레이트나 설탕을 듬뿍 넣어 마시며, 일반적으로 카페에서 만들어지는 커피음료의 베이스가 되기도 한다. 추출양은 1oz(30ml)정도이며 2oz(60ml) 크기의 데미타세(Demitasse)잔에 제공되는 커피를 말한다.

Ingredient

- □ 커피 원두 8~10g
- □ 25~30ml(1oz 정도) 추출된 에스프레소

Recipe

1. 싱글(Single) 바스켓에 에스프레소 추출 기준에 따라 분쇄된 커피를 담는다.
2. 레벨링(leveling) 후 탬핑(Tamping)을 한다.
3. 데미타세잔에 25~35ml 정도를 바로 추출한다.

Menu Tip

싱글 바스켓에 한 잔의 에스프레소 커피를 추출한다.

Espresso Origin
02

에스프레소 리스트레토

Esprèsso Ristrétto

리스트레토(Ristretto)는 압축, 응축, 농축 등을 뜻하는 이탈리아어의 사전적 용어이다. 일반적인 에스프레소 보다 적은 양을 추출하여 진한 농도를 지니면서 쓴맛보다는 산미와 향이 진한 에스프레소 커피를 말한다.

Ingredient

- □ 커피 원두 8~10g
- □ 20~25ml(1oz 이하) 추출된 에스프레소

Recipe

1. 싱글(Single) 바스켓에 에스프레소 추출 기준에 따라 분쇄된 커피를 담는다.
2. 레벨링(leveling) 후 탬핑(Tamping)을 한다.
3. 데미타세잔에 20~25ml 정도를 바로 추출한다.

Menu Tip

싱글 바스켓에 한 잔의 카페 에스프레소 커피 기준보다 적은 양을 추출한다.

Espresso Origin
03

에스프레소 도피오

Esprèsso Doppio

도피오(Doppio)는 두곱의, 두배 등을 뜻하는 이탈리아어의 사전적 용어이다. 카페 에스프레소나 리스트레토와 같은 농도와 맛은 같다. 더 많은 양의 에스프레소를 주문할 때 사용한다.

Ingredient

□ 커피 원두 16~20g
□ 40~50ml(1oz 이상) 추출된 에스프레소

Recipe

1. 더블(Double) 바스켓에 에스프레소 추출 기준에 따라 분쇄된 커피를 담는다.
2. 레벨링(leveling) 후 탬핑(Tamping)을 한다.
3. 데미타세잔에 40~50ml 정도를 바로 추출한다.

Menu Tip

카페 에스프레소 두 잔을 한 잔의 데미타세잔에 제공하는 에스프레소 커피이다.

Espresso Origin
04

에스프레소 룽고

Esprèsso Lungo

룽고(Esprèsso Lungo)는 많다, 오래, 장시간, 길게 등을 뜻하는 이탈리아어의 사전적 용어이다. 일반적인 에스프레소보다 많은 양을 추출하여 연한 농도를 지니면서 부드럽고 마일드하며 편안한 에스프레소 커피를 말한다. 에스프레소 도피오는 일반적인 카페 에스프레소와 같은 농도지만, 룽고는 한 잔 분량의 커피로 에스프레소 도피오와 비슷하거나 약간 작은 양을 추출하기 때문에 에스프레소 도피오와는 다른 에스프레소이다.

Ingredient

□ 커피 원두 8~10g
□ 35~45ml(1oz 이상) 추출된 에스프레소

Recipe

❶ 싱글(Single) 바스켓에 에스프레소 추출 기준에 따라 분쇄된 커피를 담는다.
❷ 레벨링(leveling) 후 탬핑(Tamping)을 한다.
❸ 데미타세잔에 35~45ml 정도를 바루 추출한다.

Menu Tip

에스프레소 도피오와 같은 양이지만 농도와 맛은 부드럽다.

Espresso Origin
05

에스프레소 마키아토

Esprèsso Macchiato

마키아토(Macchiato)는 얼룩, 반점, 표식 등을 뜻하는 이탈리아어의 사전적 용어이다. 영어로는 마킹(Marking)과 비슷한 의미이며, 데미타세잔에 담긴 에스프레소 위에 스팀 밀크(Steam Milk)를 살짝 덮어 하얀 점을 찍은 작은 밀크커피이다.

Ingredient

- ☐ 에스프레소 1shot
- ☐ 홀밀크 100g

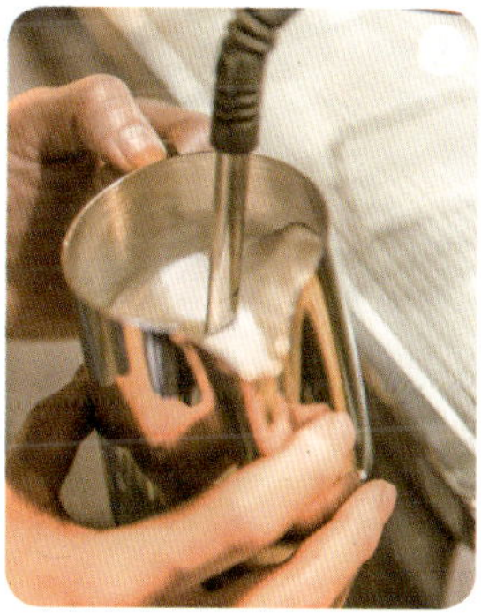

Recipe

1. 데미타세잔에 에스프레소를 바로 추출한다.
2. 스티밍 피쳐에 홀밀크를 따르고 스티밍(Steaming)하여 부드러운 폼밀크(Foamed Milk)를 만든다.
3. 데미타세잔에 담겨진 에스프레소 위에 폼밀크를 따른다.

Menu Tip

기호에 따라 홀밀크의 양을 조절하거나 설탕이나 플레이버 시럽을 첨가할 수 있다.

Espresso Origin
06

에스프레소 콘 판나

Esprèsso Con Panna

콘 판나(Con Panna)의 콘(Con)은 결합, 혼합, 섞다의 의미이고 판나(Panna)는 생크림을 뜻하는 이탈리아어의 사전적 용어이다. 데미타세잔에 담긴 에스프레소 위에 생크림을 살짝 덮은 작은 크림 커피를 말한다.

Ingredient

□ 에스프레소 1shot
□ 생크림

Recipe

1 데미타세잔에 에스프레소를 바로 추출한다.
2 데미타세잔에 담겨진 에스프레소에 준비된 생크림을 올린다.

Menu Tip

질소 가스를 충전하는 휘핑기를 이용하지 않고, 거품기나 셰이커를 이용하면 좀 더 크리미한 에스프레소 콘 판나를 만들 수 있다.

카페 아메리카노

카페라떼

카페 바닐라라떼

라떼 마키아토

카라멜 마키아토

카푸치노

카푸치노 콘판나

카푸치노 로마노

카페 모카

카페 캐러멜 모카

카페 화이트 모카

카페 라즈베리 모카

카페 모카치노

카페 비엔나

모카 카리엔디

초코라타 인 타차 카프리

카페 라 오렌지

카페 로마노

PART 02

에스프레소 커피를 베이스로 만들어진 따뜻한 커피 음료

Hot Coffee Variation

Hot Coffee Variation
01

카페 아메리카노

Caffè Americano

아메리카노(Americano)는 이탈리아에서 연하게 추출하는 브루잉 커피를 지칭하는 의미로 사용하였으나, 현재는 에스프레소 커피에 뜨거운 물을 혼합하여 브루잉 커피 농도로 만들어진 블랙스타일의 커피를 의미한다. 우리나라 카페에서 가장 많이 판매되는 가장 대중적인 커피이다.

Ingredient

- □ 에스프레소 2shot
- □ 뜨거운 물 300g

Recipe

1. 머그잔에 추출한 에스프레소를 따른다.
2. 기호에 따라 농도를 조절하여 뜨거운 물을 따른다.

Menu Tip

진한 에스프레소 향을 즐기려면 뜨거운 물 위에 에스프레소 커피를 천천이 따르고, 균일한 맛을 원할 경우에는 잔에 에스프레소를 먼저 따르고 이후에 물을 따른다.

Hot Coffee Variation
02

카페라떼

Caffè Latte

라떼(Latte)는 이탈리아의 가장 대중적인 커피로 보통 가정에서는 모카포트로 추출한 커피에 따뜻한 우유를 섞어 마신다. 미국의 밀크커피, 프랑스의 까페오레와 더불어 가장 대중적이고 친숙한 커피이다.

Ingredient

☐ 에스프레소 2shot
☐ 홀밀크 200g

Recipe

❶ 머그잔에 추출한 에스프레소를 따른다.
❷ 스티밍(Steaming)한 부드러운 폼밀크(Foamed Milk)를 에스프레소 위에 따른다.

Menu Tip

미국에서 카페라떼(Caff Latte)로 표기하면서 일반적으로 사용되고 있으나, 이탈리아어의 정확한 단어 표기법은 카페라떼(Caffellatte)이다.

Hot Coffee Variation
03

카페 바닐라 라떼

Caffè Vanilla Latte

바닐라 라떼(Vanilla Latte)는 카페라떼에 바닐라 플레이버 시럽을 첨가한 커피를 말한다. 통상적으로 바닐라 라떼라고 불리는 커피이다. 첨가하는 플레이버 시럽의 종류에 따라 메뉴의 명칭이 다양하게 변화한다. 주로 많이 사용하는 플레이버 시럽 종류로는 초콜릿, 캐러멜, 아이리시, 헤이즐럿 등이 있다.

Ingredient

- □ 에스프레소 2shot
- □ 홀밀크 200g
- □ 바닐라 플레이버 시럽 20g

Recipe

1. 머그잔에 바닐라 플레이버 시럽을 따른다.
2. 바닐라 플레이버 시럽이 담긴 잔에 추출한 에스프레소를 따른다.
3. 스티밍(Steaming)한 부드러운 폼밀크(Foamed Milk)를 에스프레소 위에 따른다.

Menu Tip

플레이버 시럽(Flavor Syrup)은 플레인 슈거 시럽(Plain Sugar Syrup)에 다양한 향을 착향시켜 만든 것으로 단맛을 내는 설탕 대용으로 사용한다.

Hot Coffee Variation
04

라떼 마키아토

Latte Macchiato

라떼 마키아토(Latte Macchiato)의 마키아토는 얼룩, 반점, 표식 등을 뜻하는 이탈리아어의 사전적 용어이다. 영어로는 마킹(Marking)과 비슷한 의미이며, 카페 마키아토와는 다른 종류의 음료이다. 라떼 마키아토는 손잡이가 달린 투명한 유리잔에 거품을 낸 홀밀크를 먼저 따르고 그 다음 에스프레소를 천천히 따른다. 잠시 후 우유거품, 에스프레소, 우유층이 순간적으로 3개의 레이어(Layer)가 만들어진다. 음용할 때에는 따로 젓지 않고 순차적으로 마시게 되면, 한 잔의 커피에서 다양한 느낌을 즐길 수 있는 음료이다.

Ingredient

- □ 에스프레소 2shot
- □ 홀밀크 200g

Recipe

1. 손잡이가 달린 투명 머그잔에 스티밍(Steaming)한 부드러운 폼밀크(Foamed Milk)를 따른다.
2. 폼과 우유층이 분리되기 시작하면 추출한 에스프레소를 천천히 따른다.

Menu Tip

에스프레소 마키아토와 라떼 마키아토는 점을 찍는 재료가 다르고 양도 많은 차이가 있다. 단지 마키아토의 의미를 갖는 스타일 음료이다.

05

카페 캐러멜 마키아토

Caffè Caramel Macchiato

캐러멜 마키아토(Caffe Caramel Macchiato)의 마키아토는 얼룩, 반점, 표식 등을 뜻하는 이탈리아어의 사전적 용어이다. 영어로는 마킹(Marking)과 비슷한 의미이며, 라떼 마키아토를 응용한 음료이다. 홀밀크위에 캐러멜 소스를 드레지(Dredge)하여 마킹을 한다고 하여 캐러멜 마키아토라고 불린다. 첨가하는 소스의 종류에 따라 메뉴의 명칭이 다양하게 변화한다. 주로 많이 사용하는 소스로는 초콜릿, 화이트 초콜릿 등이 있다.

Ingredient

- □ 에스프레소 2shot
- □ 홀밀크 200g
- □ 캐러멜 소스 35g

Recipe

1. 머그잔에 스티밍(Steaming)한 부드러운 폼밀크(Foamed Milk)를 따른다.
2. 추출한 에스프레소와 캐러멜 소스를 잘 섞은 후 폼밀크가 담긴 잔에 천천히 따른다.
3. 폼밀크위에 캐러멜 소스를 드레지(Dredge)하여 장식한다.

Menu Tip

무거운 캐러멜 소스가 진 아래로 가라앉는 것을 방지하기 위해, 소스를 먼저 넣지 않고 에스프레소와 캐러멜 소스를 잘 혼합하여 홀밀크 위에 부어준다.

Hot Coffee Variation
06

카푸치노

Cappuccino

카푸치노(Cappuccino)의 원래 뜻은 가톨릭의 프란체스코파의 수도사를 의미한다. 이 수도사들은 머리에 하얀색 수건을 두르는데 그 모습이 우유거품을 얹은 커피와 비슷하여 유래된 이름이다. 에스프레소 커피와 더불어 이탈리아의 대표적인 커피이다. 에스프레소에 거품을 낸 홀밀크를 첨가하여 우유거품의 부드러운 감촉과 쌉쌀하고 고소한 에스프레소의 조화가 환상적인 맛을 만들어낸다.

Ingredient

☐ 에스프레소 1shot
☐ 홀밀크 150g

Recipe

❶ 카푸치노잔에 추출한 에스프레소를 따른다.

❷ 스티밍 피쳐에 홀밀크를 따르고 스티밍(Steaming)한 부드러운 폼밀크(Foamed Milk)를 에스프레소 위에 따른다.

Menu Tip

카페라떼에 사용되는 홀밀크보다 공기주입을 더 많이하여 더 팽창되어야 한다. 홀밀크 온도에 따라 품질과 맛이 달라진다. 숙련된 바리스타의 기술이 많이 요구되는 커피 메뉴의 하나이다.

Hot Coffee Variation
07

카푸치노 콘 판나

Cappuccino Con Panna

콘 판나(Con Panna)의 콘(Con)은 결합, 혼합, 섞다의 의미이고 판나(Panna)는 생크림을 뜻하는 이탈리아어의 사전적 용어이다. 카푸치노에 크림을 살짝 올려 우유거품에 크림이 더 첨가하여 더욱 부드러운 맛을 즐길 수 있는 커피이다.

Ingredient

- □ 에스프레소 1shot
- □ 홀밀크 150g
- □ 생크림

Recipe

1. 잔에 추출한 에스프레소를 따른다.
2. 스티밍(Steaming)한 부드러운 폼밀크(Foamed Milk)를 에스프레소 위에 따른다.
3. 기호에 따라 양을 조절하여 폼밀크 위에 생크림을 올린다.

Menu Tip

카푸치노 콘 핀나는 홀밀크을 조금 더 단단하게 만드는 것이 중요하며, 너무 많은 크림을 올리게 되면 크림이 침전되어 넘칠 수 있으니 주의해야 한다.

Hot Coffee Variation
08

카푸치노 리모네

Cappuccino Limóne

리모네(Limone)는 레몬을 뜻하는 이탈리아어의 사전적 용어이다. 우유의 밀키(Milky)한 향이 상큼한 레몬향과 어울려 멋진 풍미를 느낄 수 있는 카푸치노의 응용 커피이다.

Ingredient

- □ 에스프레소 1shot
- □ 홀밀크 150g
- □ 레몬 슬라이스 1Piece

Recipe

1. 카푸치노잔에 추출한 에스프레소를 따른다.
2. 스티밍(Steaming)한 부드러운 폼밀크(Foamed Milk)를 에스프레소 위에 따른다.
3. 레몬 슬라이스(Slice)를 살짝 올려준다.

Menu Tip

딘밋이 아닌 과일의 상큼한 풍미를 첨가하여 즐기는 커피이다. 취향에 따라 오렌지를 첨가하여 카푸치노 아란시아(Cappuccino Arancia)를 만들 수 있다.

Hot Coffee Variation
09

카페 모카

Caffè Mocha

모카(Mocha)는 일반적으로 초콜릿향이 나는 커피를 모카라고 부르는데, 음료로 만들때는 초콜릿을 첨가하여 만든 커피를 말한다. 화려하면서 친숙한 초콜릿 맛 때문에 대중적으로 인기있는 음료이다. 처음 커피를 접하는 사람들도 쉽게 즐길 수 있는 커피이다.

Ingredient

- □ 에스프레소 2shot
- □ 모카 베이스 믹스 200g
- □ 생크림

Recipe

1. 손잡이가 달린 투명 머그잔에 추출한 에스프레소를 따른다.
2. 스티밍(Steaming)한 모카 베이스 믹스를 에스프레소 위에 따른다.
3. 기호에 따라 양을 조절하여 생크림을 올린다.

Hot Coffee Variation
10

카페 캐러멜 모카

Caffè Caramel Mocha

캐러멜 모카(Caramel Mocha)는 카페 모카에 초콜릿 대신 캐러멜을 첨가한 카페 모카의 응용 음료이다.

Ingredient

- □ 에스프레소 2shot
- □ 홀밀크 200g
- □ 캐러멜 소스 35g
- □ 생크림

Recipe

1. 손잡이가 달린 투명 머그잔에 캐러멜 소스를 넣는다.
2. 캐러멜 소스가 담긴 잔에 추출한 에스프레소를 따르고 잘 섞어 준다.
3. 스티밍(Steaming)한 부드러운 폼밀크(Foamed Milk)를 에스프레소 위에 따른다.
4. 기호에 따라 양을 조절하여 생크림을 올린다.

Hot Coffee Variation
11

카페 화이트 모카

Caffè White Mocha

화이트 모카(White Mocha)는 카페 모카에 초콜릿 대신 화이트 초콜릿을 첨가한 카페 모카의 응용 음료이다.

Ingredient

- □ 에스프레소 2shot
- □ 홀밀크 200g
- □ 화이트 초콜릿 소스 35g
- □ 생크림

Recipe

1. 손잡이가 달린 투명 머그잔에 추출한 에스프레소를 따른다.
2. 에스프레소가 담긴 잔에 화이트 초콜릿 소스를 넣은 후 잘 섞어 준다.
3. 스티밍(Steaming)한 부드러운 폼밀크(Foamed Milk)를 에스프레소 위에 따른다.
4. 기호에 따라 양을 조절하여 생크림을 올린다.

Menu Tip

화이트 초콜릿은 초콜릿의 색과 맛을 좌우하는 카카오매스가 제거한 초콜릿이다. 아이보리색을 띠는 카카오버터 성분에 파우더 밀크와 설탕을 넣어 만든다.

Hot Coffee Variation
12

카페 라즈베리 모카

Caffè Raspberry Mocha

라즈베리 모카(Raspberry Mocha)는 과일 플레이버 시럽을 첨가한 카페 화이트 모카의 응용 음료이다. 화이트 초콜릿 소스에 과일 플레이버 시럽을 첨가하여 묵직한 달콤함에 상큼한 과일향이 더한 커피이다.

Ingredient

- □ 에스프레소 2shot
- □ 홀밀크 200g
- □ 화이트 초콜릿 소스 25g
- □ 라즈베리 플레이버 시럽 15g
- □ 생크림

Recipe

1. 손잡이가 달린 투명 머그잔에 화이트 초콜릿 소스를 넣는다.
2. 화이트 초콜릿 소스가 담긴 잔에 라즈베리 플레이버 시럽을 넣은 후 잘 섞어 준다.
3. 소스와 시럽이 혼합되어 있는 잔에 추출한 에스프레소를 따른다.
4. 스티밍(Steaming)한 부드러운 폼밀크(Foamed Milk)를 에스프레소 위에 따른다.
5. 기호에 따라 양을 조절하여 생크림을 올린다.

Menu Tip

라즈베리는 딸기와 비슷하며 색깔은 빨강, 검정, 보라 3종류가 있다. 젤리, 잼, 파이, 무스를 만드는 데 이용된다. 취향에 따라 다양한 과일 플레이버 시럽을 사용할 수 있다.

Hot Coffee Variation
13

카페 모카치노

Caffè Mochaccino

모카치노(Mochaccino)는 카푸치노에 초콜릿과 카카오 파우더를 첨가하여 만들어진 음료로 화려하면서도 진한 초콜릿향과 맛이 어우려져 달콤하고 부드러운 초콜릿 커피이다.

Ingredient

- □ 에스프레소 1shot
- □ 홀밀크 120g
- □ 초콜릿 소스 20g
- □ 초콜릿 파우더

Recipe

1. 카푸치노잔에 초콜릿 소스를 따른다.
2. 초콜릿 소스가 담긴 카푸치노잔에 추출한 에스프레소를 따른다.
3. 초콜릿 파우더를 듬뿍 뿌려준다.
4. 스티밍(Steaming)한 부드러운 폼밀크(Foamed Milk)를 에스프레소 위에 따른다.

Menu Tip

모카치노는 초콜릿 맛의 모카(Mocha)와 카푸치노(Cappuccino)의 합성명사이다.

Hot Coffee Variation
14

카페 비엔나

Caffè Vienna

비엔나(Vienna)는 오스트리아 빈(Vienna)에서 유래된 커피로 진한 브루잉 커피에 생크림을 올린 고풍스럽고 품격 있는 음료이다. 본래 이름은 아인슈패너 커피(Einspanner Coffee)이다. 마차에서 내리기 힘들었던 마부들이 한 손으로는 고삐를 잡고, 한 손으로는 설탕과 생크림을 듬뿍 얹은 커피를 마신 것이 오늘날 비엔나 커피의 유래가 되었다고 한다.

Ingredient

- □ 에스프레소 1shot
- □ 홀밀크 150g
- □ 설탕 15g
- □ 생크림

Recipe

1. 작은 와인잔에 추출한 에스프레소를 따른다.
2. 에스프레소가 담긴 잔에 설탕을 넣은 후 잘 섞어 준다.
3. 물을 따른 후 다시 한번 천천히 잘 섞어 준다.
4. 기호에 따라 양을 조절하여 생크림을 올린다.

Menu Tip

비엔나에서는 커피와 생크림의 비율을 1:1 정도로 마시거나 비스켓(Beesket)과 함께 즐기기도 한다.

Hot Coffee Variation
15

모카 카리엔디

Mocha Cariendi

모카 카리엔디(Mocha Cariendi)는 은은한 초콜릿향과 맛이 특징이며, 언제 마셔도 좋은 고소하고 달콤한 레귤러(Rregular)한 스타일의 커피이다.

Ingredient

- □ 에스프레소 1shot
- □ 뜨거운 물 150g
- □ 설탕 10g
- □ 초콜릿 파우더 2g
- □ 생크림
- □ 구운 아몬드 슬라이스

Recipe

1. 작은 머그잔에 추출한 에스프레소와 뜨거운 물을 혼합한 후 따른다.
2. 커피가 담긴 잔에 초콜릿 파우더를 넣는다.
3. 바 스푼을 사용하여 골고루 잘 섞어 준다.
4. 생크림을 올린 후 구운 아몬드 슬라이스로 장식한다.

Menu Tip

설탕과 초콜릿 파우더를 같이 넣기 때문에 당도가 낮은 초콜릿 가루를 사용하거나, 당도가 강한 초콜릿 가루를 사용하는 경우엔 설탕 함량을 줄여준다.

Hot Coffee Variation
16

초코라타 인 타차 카프리

Cioccolato In Tazza Capri

초코라타 인 타차 카프리(Cioccolato In Tazza Capri)는 국내에 잘 알려지지 않은 음료이다. 카페 모카와의 차이점은 카페 모카에는 진한 농도의 초콜릿을 사용하지만, 이 음료는 초콜릿 플레이버 시럽을 사용한다. 초콜릿 플레이버 시럽이 첨가된 에스프레소에 부드러운 크림이 어우러져 달지 않으면서 진한 커피맛을 느낄수 있는 커피이다.

Ingredient

- □ 에스프레소 1shot
- □ 뜨거운 물 150g
- □ 설탕 10g
- □ 초콜릿 플레이버 시럽 20g
- □ 초콜릿 칩
- □ 생크림

Recipe

1. 커피잔에 추출한 에스프레소를 따른다.
2. 에스프레소가 담긴 커피잔에 초콜릿 플레이버 시럽을 따른다.
3. 커피잔에 뜨거운 물을 넣고 잘 섞어 준다.
4. 생크림을 올린 후 초콜릿 칩으로 장식한다.

Menu Tip

타차(Tazza)는 찻잔, 카프리(Capri)는 이탈리아 남부에 위치한 섬을 뜻한다.

Hot Coffee Variation
17

카페 라 오렌지

Caffè La Orange

카페 라 오렌지(Caff La Orange)는 카페 아메리카노나 브루잉 커피에 오렌지 슬라이스를 첨가한 음료이다. 진한 커피향과 상큼한 오렌지의 향이 어우러진 커피이다.

Ingredient

- □ 에스프레소 1shot
- □ 뜨거운 물 150g
- □ 오렌지 슬라이스 1Piece

Recipe

1. 손잡이가 달린 투명 머그잔에 추출한 에스프레소와 뜨거운 물을 따른다.
2. 에스프레소가 담긴 잔 위에 오렌지 슬라이스를 올린다.

Menu Tip

조금더 안정된 오렌지의 향을 느끼려면 슬라이스 오렌지를 건조시켜 사용하거나 껍질 엣센스(Essence)를 뿌려주면 된다.

Hot Coffee Variation

18

카페 리모네

Caffè Limóne

리모네(Limone)는 레몬을 뜻하는 이탈리아어의 사전적 용어이다. 이탈리아에서는 레몬 껍질 또는 레몬즙을 첨가하여 만든 커피를 피자나 마카로니 요리와 함께 즐기기도 한다. 커피에 상큼한 레몬이 조화를 이루면서 독특한 맛과 향을 만들어 낸다.

Ingredient

- □ 에스프레소 1shot
- □ 뜨거운 물 120g
- □ 홀밀크 30g
- □ 레몬 슬라이스 1Piece

Recipe

1. 손잡이가 달린 작은 투명 잔에 추출한 에스프레소를 따른다.
2. 에스프레소가 담긴 잔에 뜨거운 물을 따른다.
3. 집게을 이용하여 레몬 슬라이스를 살짝 올려준다.
4. 레몬 슬라이스 위에 준비된 차가운 홀밀크를 따른다.

Menu Tip

레몬향이 너무 강하다면 취향에 따라서 라임이나 오렌지를 사용해도 좋다.

아이스 에스프레소

에스프레소 샤커레토

아이스 아메리카노

아이스 카페 아마레또

아이스 카푸치노

아이스 카페라떼

아이스 캐러멜 라떼

아이스 라떼 마키아토

아이스 카페 모카

아이스 캐러멜 모카

아이스 카페 비엔나

아이스 진저 커피

아메리콕

아이스 커피 플로토

더치오레

더치 스트레이트

PART 03

에스프레소 커피를 베이스로 만들어진 차가운 커피 음료

Cold Coffee Variation

Cold Coffee Variation
01

아이스 에스프레소

Iced Esprèsso

아이스 에스프레소(Iced Espresso)는 에스프레소를 차갑게 즐길수 있는 음료로 에스프레소의 강하고 진한 향을 시원하게 느낄수 있는 커피이다.

Ingredient

☐ 에스프레소 1shot
☐ 크러셔(Crusher) 얼음

Recipe

❶ 투명 샷잔을 크러셔 얼음이나 냉동고에 넣어 냉각시킨다.
❷ 냉각된 샷잔에 추출한 에스프레소를 넣고 급랭시켜 마신다.

Menu Tip

이탈리아에서의 정확한 표기법은 에스프레소 프레도(Esprèsso Fréddo)이다. 커피에 얼음을 직접 넣었을 때에는 커피의 농도가 낮아지는 것을 주의해야 한다.

Cold Coffee Variation
02

에스프레소 샤커레토

Esprèsso Shakerràto

샤커레토(Shakerràto)는 에스프레소를 큐브 얼음과 함께 쉐이킹하여 커피 거품을 만들어내는 음료로 에스프레소의 진한 맛을 부드러운 커피 거품과 함께 느낄 수 있는 독특하고 스페셜한 메뉴이다.

Ingredient

- □ 에스프레소 2shot
- □ 설탕 10g
- □ 큐브 얼음 3개

Recipe

1. 클래식 셰이커에 설탕을 넣어준다.
2. 설탕이 담긴 셰이커에 추출한 에스프레소를 따른다.
3. 집게를 사용하여 단단한 큐브 얼음 3개를 넣은 후 빠른 시간에 셰이커 뚜껑을 닫는다.
4. 셰이커가 완전히 차가워질때까지 30~40회 정도를 동일한 속도와 방향으로 쉐이킹 한다.
5. 셰이커의 뚜껑을 열고 샴페인잔에 따라 완성한다.

Menu Tip

부드럽고 절도있게 쉐이킹을 하여 부드러운 거품을 만들도록 한다. 얼음이 녹아 커피의 농도가 너무 약해지는 것을 주의해야 하며, 음료 제공시 얼음을 넣으면 거품을 즐기지 못하기 때문에 얼음 없이 제공한다.

Cold Coffee Variation
03

아이스 카페 아메리카노

Iced Caffe Americano

아이스 카페 아메리카노(Iced Caffe Americano)는 우리나라에서 아이스 커피(Iced Coffee)를 지칭한다. 일반적으로는 브루잉이나 더치커피로 추출하여 즐기지만 카페에서는 에스프레소 커피에 차가운 물과 얼음을 넣어 만들어진 커피이다.

Ingredient

- □ 에스프레소 2shot
- □ 차가운 물 180g
- □ 큐브 얼음 3개

Recipe

1. 클래식 셰이커에 집게를 사용하여 단단한 큐브 얼음 3개를 넣는다.
2. 얼음을 담은 셰이커에 차가운 물을 따른다.
3. 얼음과 차가운 물이 담긴 셰이커에 추출한 에스프레소를 따른다.
4. 셰이커 뚜껑을 닫은 후 강하게 5회 정도 쉐이킹 한다.
5. 얼음을 채운 아이스잔에 쉐이킹한 커피를 따른다.

Menu Tip

음료 전체의 동일한 커피 농도를 만들기 위해 쉐이킹을 하게되면 음료의 냉각도 함께 일어나 오랫동안 같은 농도를 유지할 수 있다.

Cold Coffee Variation
04

아이스 카페 아마레또

Iced Coffe Amaretto

아이스 카페 아마레또(Iced Caffe Amaretto)의 아마레또 시럽은 살구씨를 물에 담가 증류하여 아몬드향과 비슷한 에센스(essence)를 만든 후 설탕과 혼합하여 제조되는 이탈리아 플레이버 시럽이다. 음료를 만들때는 별도의 물을 첨가하지 않고 에스프레소만으로 만들어 진한 커피의 향과 살구씨 특유의 향을 느낄 수 있는 이탈리아 스타일의 차가운 커피음료이다.

Ingredient

□ 에스프레소 2shot
□ 아마레또 플레이버 시럽 15g
□ 큐브 얼음 5개

Recipe

1. 셰이커에 추출한 에스프레소를 따른다.
2. 에스프레소가 담긴 셰이커에 아마레또 플레이버 시럽을 지거(Jigger)를 사용하여 따른다.
3. 얼음 집게를 사용하여 단단한 큐브 얼음을 넣은 후 빠른 시간에 셰이커 뚜껑을 닫는다.
4. 셰이커가 완전히 차가워질때까지 30~40회 정도를 동일한 속도와 방향으로 쉐이킹 한다.
5. 준비된 롱글라스(Long Glass)에 쉐이킹한 커피와 얼음까지 따라 완성한다.

Menu Tip

아마레또 플레이버 시럽의 향은 매우 강하기 때문에 기호에 따라 시럽의 양을 조절한다.

Cold Coffee Variation
05

아이스 카푸치노

Iced Cappuccino

아이스 카푸치노(Iced Cappuccino)는 이탈리아의 대표적인 커피인 카푸치노를 응용하여 차갑게 만든 음료이다. 우유거품의 부드러움과 시원함을 동시에 즐길 수 있다. 기호에 따라 플레인 시럽, 시나몬, 초콜릿 파우더를 가미하면 더욱 매력적이다.

Ingredient

- □ 에스프레소 2shot
- □ 홀밀크 150g
- □ 큐브 얼음

Recipe

1. 우유거품기에 차가운 홀밀크를 넣고 거품을 만든 후 큐브 얼음을 넣은 잔에 따른다.
2. 얼음과 홀밀크가 담긴 잔에 준비된 에스프레소를 천천히 따른다.

Menu Tip

우유거품기(프렌치 프레스)나 셰이커가 없다면 밀폐된 텀블러(Tumbler) 등에 우유와 얼음을 함께 넣고 흔들어서 우유거품을 만들 수 있다.

Cold Coffee Variation
06

아이스 카페라떼

Iced Caffè Latte

아이스 카페라떼(Iced Caffè Latte)는 대중적으로 가장 친숙한 카페라떼를 시원하게 즐길 수 있는 음료이다. 미국의 밀크커피, 카페오레 등과 함께 가장 널리 알려진 커피이다. 우유가 혼합되는 에스프레소 커피의 기본이 되는 커피로 첨가하는 재료에 따라 얼마든지 다양하게 응용이 가능하다.

Ingredient

- □ 에스프레소 2shot
- □ 홀밀크 240g
- □ 큐브 얼음

Recipe

1. 아이스잔에 큐브 얼음을 넣은 후 차가운 홀밀크를 따른다.
2. 얼음과 홀밀크가 담긴 잔에 준비된 에스프레소를 천천히 따른다.

Menu Tip

음료의 빠른 냉각과 전체 커피의 동일한 농도를 위해 5~10회정도 짧게 쉐이킹을 하거나 얼음과 우유를 잔에 따른 후 에스프레소를 부어주면 멋진 비주얼을 만들 수 있다.

Cold Coffee Variation
07

아이스 캐러멜 라떼

Iced Caramel Latte

아이스 캐러멜 라떼(Iced Caramel Latte)는 카페라떼에 캐러멜 플레이버 시럽을 첨가한 차가운 음료이다. 첨가하는 플레이버 시럽의 종류에 따라 메뉴의 명칭이 다양하게 변화한다. 주로 많이 사용하는 플레이버 시럽의 종류로는 아이리시, 헤이즐럿, 바닐라 등이 있다.

Ingredient

- □ 에스프레소 2shot
- □ 홀밀크 200g
- □ 캐러멜 소스 40g
- □ 큐브 얼음

Recipe

1. 롱글라스에 얼음을 넣은 후 차가운 홀밀크를 따른다.
2. 얼음과 홀밀크가 담긴 잔에 캐러멜 소스를 따라준다.
3. 홀밀크와 캐러멜 소스가 담긴 잔에 추출된 에스프레소를 천천히 따른다.

Menu Tip

에스프레소를 부어준 직후 충분히 저어서 제공하거나 음료의 비주얼 연출을 위하여 섞지 않고 제공할 경우에는 저을 수 있는 롱스푼을 제공한다.

Cold Coffee Variation
08

아이스 라떼 마키아토

Iced Latte Macchiato

라떼 마키아토(Latte Macchiato)는 점, 얼룩지다. 라는 이탈리아어로 영어의 마킹(Marking)과 같은 의미를 가진 음료이다. 투명 유리잔에 차가운 우유를 따르고 우유거품을 먼저 얹고, 에스프레소를 천천히 따르면 거품, 커피, 우유가 순차적으로 3개 층이 만들어진다. 음용할 때에는 젓지 않고 순차적으로 마시게 되면 한 잔의 음료에서 다양한 맛과 느낌을 즐길 수 있는 음료이다. 취향에 따라 단맛을 내는 플레이버 시럽 (Flavor Syrup)을 첨가하여 마신다.

Ingredient

- □ 에스프레소 2shot
- □ 홀밀크 200g
- □ 큐브 얼음

Recipe

1. 우유거품기에 차가운 홀밀크를 넣고 거품을 만든 후 큐브 얼음을 넣은 잔에 따른다.
2. 우유와 거품층이 분리가 시작되면 준비된 에스프레소를 천천히 따른다.
3. 취향에 따라 시럽을 첨가하여 마신다.

Menu Tip

라떼 마키아토는 카페라떼보다 우유가 더 많이 들어가 가장 연한 이탈리아 밀크 커피이다.

Cold Coffee Variation
09

아이스 카페 모카

Iced Caffè Mocha

아이스 카페 모카(Iced Caffe Mocha)는 일반적으로 초콜릿향이 나는 커피를 모카라고 부르는데, 음료로 만들때는 초콜릿을 첨가하여 만든 커피를 말한다. 화려하면서 친숙한 초콜릿 맛 때문에 대중적으로 인기있는 음료이다. 처음 커피를 접하는 사람들도 쉽게 즐길 수 있는 커피이다.

Ingredient

- □ 에스프레소 2shot
- □ 모카 베이스 믹스 200g
- □ 큐브 얼음
- □ 생크림

Recipe

1. 아이스 모카잔에 큐브 얼음을 넣은 후 차가운 모카 베이스 믹스를 따른다.
2. 얼음과 모카 베이스 믹스가 남긴 잔에 준비된 에스프레소를 따른 후 잘 섞어준다.
3. 기호에 따라 양을 조절하여 생크림을 올린다.

Cold Coffee Variation
10

아이스 캐러멜 모카

Iced Caffè Caramel Mocha

캐러멜 모카(Caramel Mocha)는 일반적으로 초콜릿향이 나는 커피를 모카라고 부르는데, 음료로 만들때는 초콜릿을 첨가하여 만든 커피를 말한다. 화려하면서 친숙한 초콜릿 맛 때문에 대중적으로 인기있는 음료이다. 처음 커피를 접하는 사람들도 쉽게 즐길 수 있는 커피이다.

Ingredient

- □ 에스프레소 2shot
- □ 홀밀크 200g
- □ 캐러멜 소스 30g
- □ 생크림
- □ 큐브 얼음

Recipe

1. 아이스 모카잔에 큐브 얼음을 넣은 후 차가운 홀밀크를 따른다.
2. 얼음과 홀밀크가 담긴 잔에 캐러멜 소스를 따른다.
3. 추출된 에스프레소를 따른다.
4. 재료들이 잘 혼합될 때까지 잘 섞어준다.
5. 기호에 따라 양을 조절하여 생크림을 올린다.

Menu Tip

카페에서 활용할 때 모카 베이스 믹스처럼 캐러멜 베이스 믹스로 만들어 응용할 수 있다.

Cold Coffee Variation
11

아이스 카페 비엔나

Iced Caffè Vienna

카페 비엔나(Caffe Vienna)는 오스트리아 빈(Vienna)에서 유래된 커피로 진한 브루잉 커피에 생크림을 올린 고풍스럽고 품격 있는 음료이다. 본래 이름은 아인슈패너 커피(Einspanner Coffee)이다. 마차에서 내리기 힘들었던 마부들이 한 손으로는 고삐를 잡고, 한 손으로는 설탕과 생크림을 듬뿍 얹은 커피를 마신 것이 오늘날 비엔나 커피의 유래가 되었다고 한다. 더운 여름날 시원하게 즐길 수 있는 비엔나 커피의 응용 메뉴이다.

Ingredient

- □ 에스프레소 1shot
- □ 플레인 시럽 20g
- □ 차가운 물 180g
- □ 큐브 얼음
- □ 생크림

Recipe

1. 튜립잔에 큐브 얼음을 넣은 후 플레인 시럽, 차가운 물, 에스프레소를 따른 후 잘 섞어준다.
2. 기호에 따라 양을 조절하여 생크림을 올린다.

Menu Tip

다양한 리큐르(Liqueur)를 첨가하여 커피 칵테일로 응용이 가능하다.

Cold Coffee Variation
12

아이스 진저 커피

Iced Ginger Coffee

진저 커피(Ginger Coffee)는 한국인들에게 친숙한 생강의 향을 시원하게 즐길수 있는 음료로 탄산과 커피가 어우러져 더욱 상쾌함을 만들어 준다.

Ingredient

- □ 에스프레소 2shot
- □ 진저엘 180g
- □ 큐브 얼음

Recipe

1. 클래식한 아이스잔에 큐브 얼음을 넣은 후 진저엘을 따른다.
2. 얼음과 진저엘이 담긴 잔에 추출된 에스프레소를 따른다.

Menu Tip

진저엘 대신 탄산수, 토닉워터 등을 사용하면 다양한 음료를 만들 수 있다.

Cold Coffee Variation
13

아메리콕

AmeriCok

아메리콕(AmeriCok)에 들어가는 커피와 콜라는 수세기 넘게 기호식품으로 사랑받은 음료이다. 이제 그 완벽한 조화를 "아메리콕"으로 블랜딩 하였다. 올 여름 "아이스 아메리카노"에서 단맛, 신맛, 쓴맛의 완벽한 "플레이버"와 입안의 "텍스쳐"의 완벽한 조합을 느껴 볼 수 있을 것이다.

Ingredient

- ☐ 에스프레소 2shot
- ☐ 아메리콕 파우더 30g
- ☐ 플레인 시럽 15g
- ☐ 탄산수 180g
- ☐ 레몬 1/8개
- ☐ 시나몬 파우더
- ☐ 큐브 얼음

Recipe

1. 아이스 롱글라스에 큐브 얼음, 레몬 1/8개를 스퀴즈하여 넣어준다.
2. 레몬 스퀴즈를 넣은 잔에 탄산수를 따른다.
3. 샷잔에 아메리콕 파우더, 에스프레소를 잘 섞어준 후 바 스푼을 이용하여 천천히 따른다.

*** 완성된 음료에 시나몬 파우더를 적당량 뿌려준다.**

Menu Tip

아메리콕 파우더 대신 콜라를 대체할 수 있다. 단 당도를 조절해야 하며, 기호에 따라 플레인 시럽을 약 10~20g 넣을 수 있다.

Cold Coffee Variation
14

아이스 커피 플로토

Iced Coffee Float

플로트(Float)는 '가라앉지 않고 물에 뜨다'라는 사전적인 용어로 아이스크림을 띄워서 만드는 음료이다. 시원하고 달콤함이 조화를 이루는 여름에 더욱 좋은 커피이다.

Ingredient

- ☐ 에스프레소 2shot
- ☐ 차가운 물 150g
- ☐ 바닐라 아이스크림 1scoop
- ☐ 큐브 얼음

Recipe

❶ 아이스잔에 큐브 얼음을 넣은 후 준비된 에스프레소를 천천히 따른다.
❷ 얼음과 에스프레소가 담긴 잔에 차가운 물을 따른다.
❸ 에스프레소가 담긴 잔 위에 바닐라 아이스크림을 올려준다.

Cold Coffee Variation
15

더치 오레

Dutch au Lait

더치 오레(Dutch au Lait)의 더치(Dutch)는 네덜란드, 네덜란드인을 뜻한다. 옛날 네덜란드 상인들이 인도네시아에서 커피를 운반해 가는 과정에서 고안된 추출방법으로 다른 말로 '워터드립'이라고도 한다. 상온의 생수를 한방울씩 떨어뜨려 커피를 추출하는 방식으로 커피에 물을 머금어서 한방울씩 추출되어 와인처럼 숙성된 맛을 낸다. 진한 더치 커피를 부드럽게 마시기 위해 응용된 더치 커피 음료이다.

Ingredient

- ☐ 더치 커피 원액 80g
- ☐ 홀밀크 120g
- ☐ 플레인 시럽 30g
- ☐ 큐브 얼음

Recipe

1. 아이스잔에 큐브 얼음을 넣은 후 차가운 홀밀크를 따른다.
2. 얼음과 홀밀크가 담긴 잔에 플레인 시럽을 따른다.
3. 잔에 차가운 더치 커피 원액을 따른다.

Menu Tip

더치 오레를 다른 말로 더치 라떼, 더치 밀크라고 불러도 무방하다.

Cold Coffee Variation
16

더치 스트레이트

Dutch Straight

더치 스트레이트(Dutch Straight)의 더치(Dutch)는 네덜란드, 네덜란드인을 뜻한다. 옛날 네덜란드 상인들이 인도네시아에서 커피를 운반해 가는 과정에서 고안된 추출방법으로 다른 말로 '워터드립'이라고도 한다. 상온의 생수를 한방울씩 떨어뜨려 커피를 추출하는 방식으로 커피에 물을 머금어서 한방울씩 추출되어 와인처럼 숙성된 맛을 낸다.

Ingredient

- □ 더치 커피 원액 100g
- □ 큐브 얼음

Recipe

1 온더락 잔에 큐브 얼음을 넣은 후 차가운 더치 커피 원액을 따른다.

Menu Tip

플레인 시럽 5g을 넣으면 단맛은 크게 느껴지지 않지만 커피의 쓴맛은 줄어들어 훨씬 부드럽게 맛을 즐길 수 있다.

모카 프라페

캐러멜 프라페

녹차 스무디

망고 스무디

호박 스무디

바닐라 프라페

고구마 스무디

체리 스무디

초콜릿 몽키 쉐이크

요거트 프라페

너바너 쉐이크

PART 04

여러 가지 재료와 얼음을 블렌더(Blender)에 혼합하여 만들어진 아이스 음료

Ice Blend Variation

Ice Blend Variation
01

모카 프라페

Mocha Frappé

모카 프라페(Mocha Frappe)는 얼음을 듬뿍 넣어 부드럽게 만든 차가운 음료를 말한다. 아이스 블렌드 음료로서 진한 초콜릿을 시원하게 즐길 수 있는 음료이다.

Ingredient

- □ 바닐라 파우더 30g
- □ 초콜릿 파우더 20g
- □ 모카 베이스 믹스 120g
- □ 큐브 얼음 200g
- □ 생크림

Recipe

1. 아이스 블렌더 볼에 단단한 큐브 얼음을 넣는다.
2. 얼음이 담긴 블렌더 볼에 초콜릿 파우더를 넣는다.
3. 초콜릿 파우더가 담긴 블렌더 볼에 바닐라 파우더를 넣는다.
4. 바닐라 파우더가 담긴 블렌더 볼에 홀밀크를 따른다.
5. 블렌더 볼 본체에 장착한 후 부드러워질 때까지 작동한 후 차갑게 냉각된 잔에 옮겨 담는다.
6. 기호에 따라 생크림을 올린다.

Menu Tip

조금 진하고 묵직한 느낌의 초콜릿 맛을 만들때는 초콜릿 파우더와 초콜릿 소스를 넣어 주거나 카카오 버터 함유량이 많은 고급 커버추어(Couverture) 초콜릿를 녹여서 사용하면 좋다.

Ice Blend Variation
02

캐러멜 프라페

Caramel Frappé

캐러멜 프라페(Caramel Frappe)는 얼음을 듬뿍 넣어 부드럽게 만든 차가운 음료를 말한다. 아이스 블렌드 음료로서 달콤한 캐러멜을 시원하게 즐길 수 있는 음료이다.

Ingredient

- ☐ 바닐라 파우더 30g
- ☐ 캐러멜 소스 50g
- ☐ 홀밀크 120g
- ☐ 큐브 얼음 200g
- ☐ 생크림

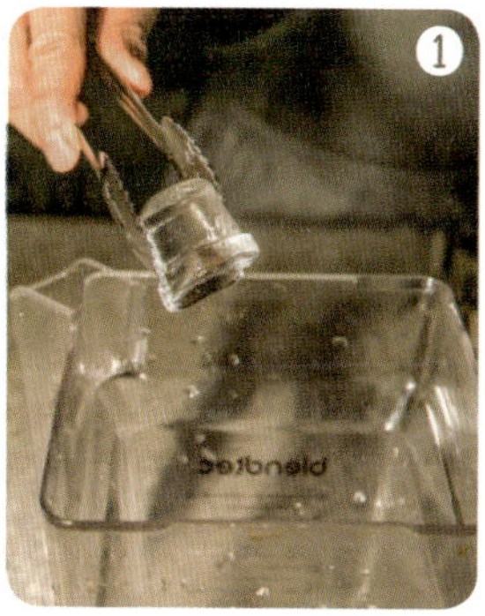

Recipe

1. 아이스 블렌더 볼에 단단한 큐브 얼음을 넣는다.
2. 얼음이 담긴 블렌더 볼에 캐러멜 소스를 넣는다.
3. 캐러멜 소스가 담긴 블렌더 볼에 홀밀크를 따른다.
4. 블렌더 볼 본체에 장착한 후 부드러워질 때까지 작동한 후 차갑게 냉각된 잔에 옮겨 담는다.
5. 기호에 따라 생크림을 올린다.

Menu Tip

캐러멜 소스 대신 화이트 초콜릿 소스를 사용하면 화이트 초콜릿 프라페를 만들 수 있다.

Ice Blend Variation
03

녹차 스무디

Green Tea Smoothie

녹차 스무디(Green Tea Smoothie)는 신선한 딸기, 바나나, 키위, 망고, 토마토 등 과일을 얼려서 스무디 전용 블렌더(믹서기)에 갈아 만든 음료이다. 아이스 블렌드 음료로서 말차(가루녹차)를 사용하여 은은한 녹차향과 청명한 색을 느낄 수 있는 건강식의 시원한 음료이다.

Ingredient

☐ 녹차 파우더 60g
☐ 홀밀크 120g
☐ 큐브 얼음 200g

Recipe

1. 아이스 블렌더 볼에 단단한 큐브 얼음을 넣는다.
2. 얼음이 담긴 블렌더 볼에 녹차 파우더를 넣는다.
3. 녹차 파우더가 담긴 블렌더 볼에 홀밀크를 따른다.
4. 블렌더 볼 본체에 장착한 후 부드러워질 때까지 작동한 후 차갑게 냉각된 잔에 옮겨 담는다.

Menu Tip

유통되는 녹차 파우더 제품에 따라서 녹차 파우더의 양을 조절해준다.

Ice Blend Variation
04

망고 스무디

Mango Smoothie

스무디(Smoothie)는 신선한 딸기, 바나나, 키위, 망고, 토마토 등 과일을 얼려서 스무디 전용 블렌더(믹서기)에 갈아 만든 음료이다. 블렌더의 버튼을 누르면 스무디에 적합한 속도로 자동으로 작동된다. 프라페에 비해 훨씬 부드러우며 질감이 스무스(Smooth) 한 느낌이 있기 때문에 붙여진 이름이다.

Ingredient

- □ 망고 스무디 믹스 180g
- □ 큐브 얼음 200g

①

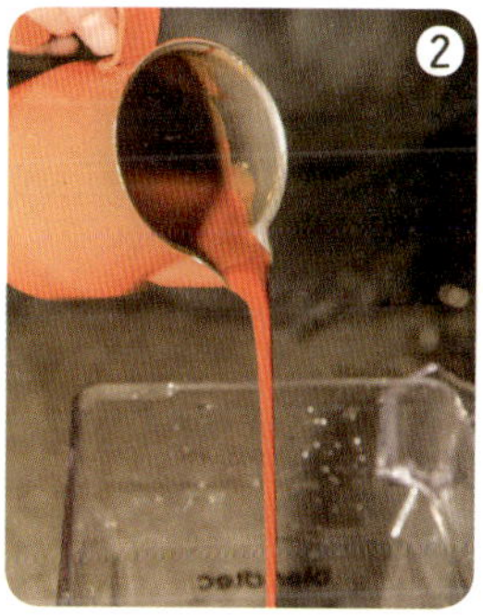
②

③

Recipe

1. 아이스 블렌더 볼에 단단한 큐브 얼음을 넣는다.
2. 얼음이 담긴 블렌더 볼에 망고 스무디 믹스를 넣는다.
3. 블렌더 볼 본체에 장착한 후 부드러워질 때까지 작동한 후 차갑게 냉각된 잔에 옮겨 담는다.

Menu Tip

망고 파우더를 사용하는 경우는 스무디 믹스 대신 파우더 60g과 우유 120g을 사용한다. 유통되는 스무디 믹스가 아닌 신선하고 부드러운 과육을 가진 과일은 모두 응용이 가능하다.

Ice Blend Variation

05

호박 스무디

Pumpkin Smoothie

스무디(Smoothie)는 신선한 딸기, 바나나, 키위, 망고, 토마토 등 과일을 얼려서 스무디 전용 블렌더(믹서기)에 갈아 만든 음료이다. 호박 스무디는 아이스 블렌드 음료로서 호박을 사용하여 전통적인 맛을 즐길 수 있는 건강식 시원한 음료이다.

Ingredient

- □ 호박 파우더 60g
- □ 홀밀크 120g
- □ 큐브 얼음 200g

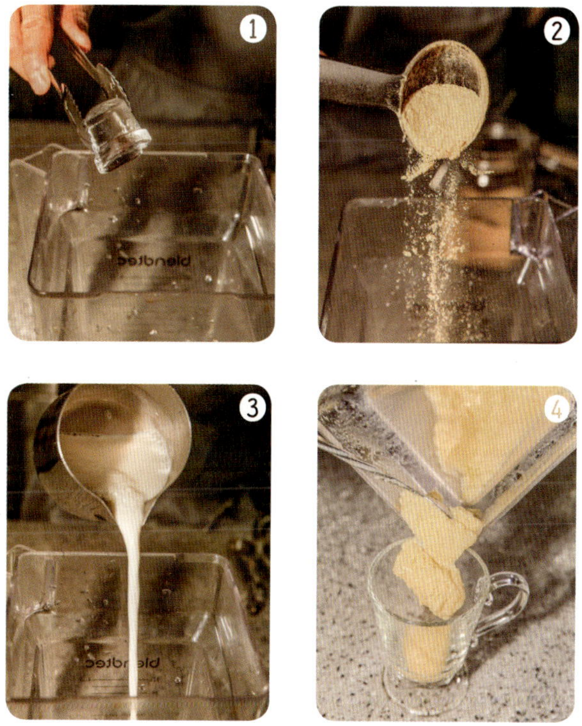

Recipe

1. 아이스 블렌더 볼에 단단한 큐브 얼음을 넣는다.
2. 얼음이 담긴 블렌더 볼에 호박 파우더를 넣는다.
3. 호박 파우더가 담긴 블렌더 볼에 홀밀크를 따른다.
4. 블렌더 볼 본체에 장착한 후 부드러워질 때까지 작동한 후 차갑게 냉각된 잔에 옮겨 담는다.

Menu Tip

호박 파우더 대신 스팀한 단호박을 사용하면 더욱 고급스러운 음료로 만들 수 있다.

Ice Blend Variation
06

바닐라 프라페

Vanilla Frappé

바닐라 프라페(Vanilla Frappé)는 얼음을 듬뿍 넣어 부드럽게 만든 차가운 음료를 말한다. 여러가지 재료를 혼합하여 만들기 때문에 재료에 따라 다양한 메뉴로 응용이 가능하다. 스무디(Smoothie)에 비해 얼음이 약간 더 거칠다. 바닐라 프라페는 모든 프라페 음료의 기본 베이스가 되기도 한다.

Ingredient

- □ 바닐라 파우더 60g
- □ 홀밀크 120g
- □ 큐브 얼음 200g
- □ 생크림

Recipe

1. 아이스 블렌더 볼에 단단한 큐브 얼음을 넣는다.
2. 얼음이 담긴 블렌더 볼에 홀밀크를 따른다.
3. 계량스푼을 사용하여 바닐라 파우더를 넣고 본체에 장착한 후 부드러워질 때까지 작동한다.
4. 차갑게 냉각된 잔에 옮겨 담는다. 기호에 따라 생크림을 올린다.

Menu Tip

바닐라 파우더를 사용하지 않고 바닐라 아이스크림을 사용할 경우에는 우유의 양을 줄여준다.

Ice Blend Variation
07

고구마 스무디

Sweet Potato Smoothie

스무디(Smoothie)는 신선한 딸기, 바나나, 키위, 망고, 토마토 등 과일을 얼려서 스무디 전용 블렌더(믹서기)에 갈아 만든 음료이다. 고구마 스무디는 아이스 블렌드 음료로서 고구마를 사용하여 친숙한 맛을 즐길 수 있는 건강식 시원한 음료이다.

Ingredient

- □ 고구마 파우더 60g
- □ 홀밀크 120g
- □ 큐브 얼음 200g

Recipe

1. 아이스 블렌더 볼에 단단한 큐브 얼음을 넣는다.
2. 얼음이 담긴 블렌더 볼에 고구마 파우더를 넣는다.
3. 고구마 파우더가 담긴 블렌더 볼에 홀밀크를 따른다.
4. 블렌더 볼 본체에 장착한 후 부드러워질 때까지 작동한 후 차갑게 냉각된 잔에 옮겨 담는다.

Menu Tip

고구마 파우더 대신 삶거나 구운 고구마를 사용하면 더욱 고급스러운 음료로 만들 수 있다.

Ice Blend Variation
08

체리 스무디

Cherry Smoothie

스무디(Smoothie)는 신선한 딸기, 바나나, 키위, 망고, 토마토 등 과일을 얼려서 스무디 전용 블렌더(믹서기)에 갈아 만든 음료이다. 블렌더의 버튼을 누르면 스무디에 적합한 속도로 자동으로 작동된다. 프라페에 비해 훨씬 부드러우며 질감이 스무스(Smooth) 한 느낌이 있기 때문에 붙여진 이름이다.

Ingredient

- □ 체리 아이스크림 120g
- □ 큐브 얼음 60g
- □ 홀밀크 30g

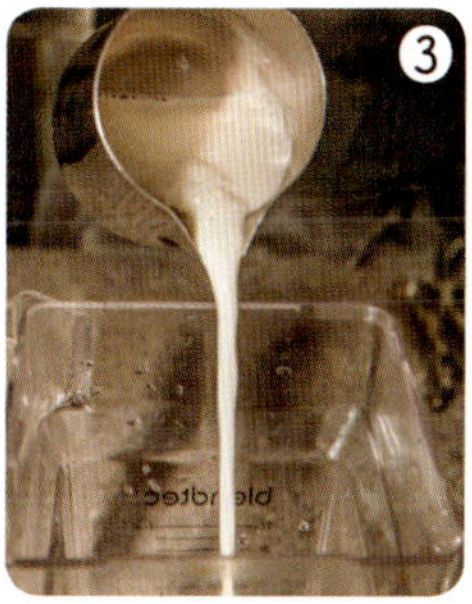

Recipe

1. 아이스 블렌더 볼에 단단한 큐브 얼음을 넣는다.
2. 얼음이 담긴 블렌더 볼에 체리 아이스크림을 넣는다.
3. 체리 아이스크림이 담긴 블렌더 볼에 홀밀크를 따른다.
4. 블렌더 볼 본체에 장착한 후 부드러워질 때까지 작동한 후 차갑게 냉각된 잔에 옮겨 담는다.

Menu Tip

체리 아이스크림 대신 바닐라 아이스크림을 사용할 경우, 신선한 체리나 체리 플레이버 시럽 30g을 추가로 넣는다. 유통되는 스무디 믹스가 아닌 신선하고 부드러운 과육을 가진 과일은 모두 응용이 가능하다.

Ice Blend Variation
09

초콜릿 몽키 쉐이크

Chocolate Monkey Shake

초콜릿 몽키 쉐이크(Chocolate Monkey Shake)는 아이스크림과 바나나가 달콤한 조화를 이루어 남녀노소 누구나 즐길 수 있는 음료이다.

Ingredient

- □ 커피 아이스크림 2scoop
- □ 에스프레소 2shot
- □ 초콜릿 플레이버 시럽 15g
- □ 바나나 1/2개
- □ 큐브 얼음

Recipe

1. 아이스 블렌더 볼에 단단한 큐브 얼음, 바나나, 커피 아이스크림을 넣는다.
2. 커피 아이스크림이 담긴 블렌더 볼에 초콜릿 플레이버 시럽을 넣는다.
3. 모든 재료가 담긴 블렌더 볼에 추출된 에스프레소를 넣는다.
4. 블렌더 볼 본체에 장착한 후 부드러워질 때까지 작동한 후 차갑게 냉각된 잔에 옮겨 담는다.

*** 기호에 따라 생크림을 올린다.**

Menu Tip

커피 아이스크림 대신 바닐라 아이스크림을 사용할 경우 에스프레소 1shot을 더 넣어 준다.

Ice Blend Variation
10

요거트 프라페

Yògurt Frappé

요거트 프라페(Yogurt Frappe)는 얼음을 듬뿍 넣어 부드럽게 만든 차가운 음료를 말한다. 아이스 블렌드 음료로서 상큼한 요거트를 시원하게 즐길 수 있는 음료이다.

Ingredient

- □ 요거트 파우더 60g
- □ 홀밀크 120g
- □ 큐브 얼음 200g

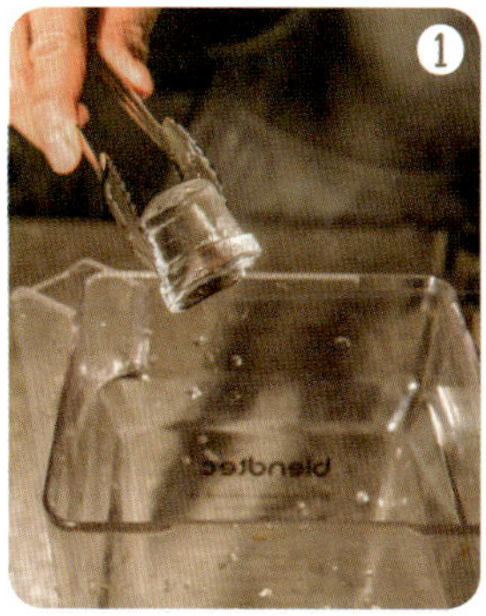

Recipe

1. 아이스 블렌더 볼에 단단한 큐브 얼음을 넣는다.
2. 얼음이 담긴 블렌더 볼에 요거트 파우더를 넣는다.
3. 요거트 파우더가 담긴 블렌더 볼에 홀밀크를 따른다.
4. 블렌더 볼 본체에 장착한 후 부드러워질 때까지 작동한 후 차갑게 냉각된 잔에 옮겨 담는다.

Menu Tip

조금 더 상큼한 맛을 원한다면 레몬 1/4쪽을 스퀴저(Squeezer)하여 넣어준다.

Ice Blend Variation
11

너바너 쉐이크

Nirbanir Shake

너바너 쉐이크(Nirbanir Shake)는 아마레또의 독특한 향이 특징이며, 초콜릿 플레이버 시럽이 혼합된 개성 만점의 시원한 음료이다.

Ingredient

- □ 에스프레소 2shot
- □ 요쿠르트 1개
- □ 아마레또 플레이버 시럽 15g
- □ 초콜릿 플레이버 시럽 15g
- □ 크러셔(Crusher) 얼음

Recipe

1. 셰이커에 추출된 에스프레소, 아마레또, 초콜릿 플레이버 시럽을 따른다.
2. 에스프레소가 담긴 셰이커에 작은 요쿠르트 1개를 따른다.
3. 모든 재료가 담긴 셰이커에 크러셔 얼음을 가득 넣는다.
4. 셰이커 뚜껑을 닫고 강하게 5회 정도 쉐이킹한 후 롱 글라스에 따른다.

Menu Tip

에스프레소 커피를 넣지 않고 디카페인 음료로 만들어도 좋다.

에스프레소 코레토

카페 아이리시

카페 베일리스

카페 깔루아

카페 로얄

모카 마티니

에스프레소 마티니

멜론 라운지

리얼 콜라다

레몬 스쿼시

PART 05

스피릿(알코올)을 첨가하는 커피 & 과일 칵테일 음료

Coffee Spirit & Cocktail

Coffee Spirit & Cocktail
01

에스프레소 코레토

Esprèsso Corrétto

에스프레소 코레토(Espresso Corretto)는 리큐르(Liqueur)를 첨가하여 마시는 에스프레소 커피를 말한다. 이탈리아에서는 와인을 만들고 남은 포도껍질을 증류해서 만든 그랍바(Grappa)를 넣어 즐겨마신다.

Ingredient

- □ 에스프레소 2shot
- □ 그랍바 30g

Recipe

1. 데미타세잔이나 그랍바잔에 그랍바를 따른다.
2. 그랍바가 담긴 잔에 추출된 에스프레소를 따른다.

Menu Tip

일반적으로 알코올 첨가물이 들어간 에스프레소 커피를 총칭하기도 한다. 기호에 따라 다양한 술을 첨가할 수 있다.

Coffee Spirit & Cocktail
02

카페 아이리시

Cafè Irish

아이리시(Irish)는 아일랜드, 아일랜드인을 뜻하며, 아일랜드의 국제공항에 위치한 레스토랑에서 처음 만들어 판매하면서 유명해진 커피이다. 뜨거운 커피에 아이리시 위스키와 설탕을 넣고 생크림을 첨가하여 열량이 높고 위스키가 들어가 추운 날씨에 몸을 데워주거나 피로를 풀어주는 역할을 한다.

Ingredient

- □ 에스프레소 2shot
- □ 뜨거운 물 150g
- □ 아이리시 위스키 30g
- □ 설탕 8g
- □ 생크림

Recipe

1. 아이리시잔에 추출된 에스프레소를 따른다.
2. 에스프레소가 담긴 잔에 설탕을 넣는다.
3. 설탕을 넣은 잔에 아이리시 위스키를 따른다.
4. 아이리시 위스키가 담긴 잔에 뜨거운 물을 따른다.
5. 바 스푼을 사용하여 모든 재료가 혼합되도록 잘 섞어준다.
6. 클래식 셰이커를 사용하여 부드럽게 쉐이킹한 생크림을 바 스푼을 이용하여 올려준다.

Menu Tip

브루잉(드립) 방식으로 진하게 추출한 커피를 사용하면 더욱 깊이 있는 맛을 즐길수 있으며, 에스프레소 커피를 사용할 때에는 생크림을 조금 너 깨끗하게 올리기 위해 드립필터 등으로 커피가루와 크레마를 걸러주면 좋다.

03

카페 베일리스

Cafè Baileys

카페 베일리스(Cafe Baileys)는 아이리시 크림과 위스키 그리고 자연향이 결합된 달콤하면서 부드러운 맛이 일품인 커피로 부드러운 크림맛이 독특한 베일리스 리큐르(Liqueur)를 커피와 혼합함으로써 독특한 빛깔과 향취를 느낄 수 있는 칵테일 커피이다.

Ingredient

- ☐ 에스프레소 2shot
- ☐ 뜨거운 물 150g
- ☐ 베일리스 리큐르 30g
- ☐ 설탕 15g
- ☐ 생크림

Recipe

1. 아이리시잔에 추출된 에스프레소를 따른 후 설탕을 넣는다.
2. 에스프레소와 설탕이 담긴 잔에 베일리스 리큐르를 따른다.
3. 베일리스 리큐르가 담긴 잔에 뜨거운 물을 따른다.
4. 바 스푼을 사용하여 모든 재료가 혼합되도록 잘 섞어준다.
5. 클래식 셰이커를 사용하여 부드럽게 쉐이킹한 생크림을 바 스푼을 이용하여 올려준다.

Menu Tip

베일리스는 벨기에산 초콜릿과 아이리시 크림, 위스키가 부드럽게 섞인 최초의 크림 리큐르로 부드러운 맛이 특징이다. 알코올 도수는 17% 정도이며, 깔루아 밀크와 더불어 커피와 잘 어울리는 리큐르로 널리 알려져 있다.

Coffee Spirit & Cocktail
04

카페 깔루아

Cafè Kahlua

카페 깔루아(Cafe Kahlua)는 데킬라, 멕시코산 아라비카 원두와 사탕수수, 바닐라 등의 성분을 첨가하여 만든 리큐르(Liqueur)이다. 맛의 비결과 재료는 공개되지 않고 생산되면서 신비로운 감성과 독특한 빛깔과 향취를 느낄 수 있는 칵테일 커피이다.

Ingredient

- ☐ 에스프레소 2shot
- ☐ 뜨거운 물 150g
- ☐ 깔루아 리큐르 30g
- ☐ 설탕 15g
- ☐ 생크림

Recipe

1. 샴페인잔에 추출된 에스프레소를 따른다.
2. 에스프레소가 담긴 잔에 설탕을 넣는다.
3. 에스프레소와 설탕이 담긴 잔에 깔루아 리큐르를 따른다.
4. 모든 재료가 담긴 잔에 뜨거운 물을 따른다.
5. 바 스푼을 사용하여 모든 재료가 혼합되도록 잘 섞어준다.
6. 클래식 셰이커를 사용하여 부드럽게 쉐이킹한 생크림을 바 스푼을 이용하여 올려준다.

Menu Tip

깔루아 리큐르는 데킬라를 기본으로 데킬라, 커피, 설탕 등을 섞어 만들어지는 알코올도수 20% 정도의 멕시코산 리큐르이다. 칵테일에서 부드러운 맛으로 부담 없이 마실 수 있어 많은 사랑을 받고 있다.

카페 로열

Cafè Royal

카페 로열(Cafe Royal)은 프랑스 황제 나폴레옹이 즐겨 마셨다고 하여 로열이라는 이름이 붙여진 커피이다. 로열 스푼 위에 각설탕을 올린 후 꼬냑(Cognac)이나 브랜디(Brandy)를 부은 후 어두운 분위기에서 점화하면 푸른 불꽃이 일면서 로맨틱하고 환상적인 느낌을 연출하는 품격 있는 커피이다.

Ingredient

- □ 에스프레소 1shot
- □ 뜨거운 물 150g
- □ 브랜디(꼬냑) 10g
- □ 각설탕 1개

Recipe

1. 커피잔에 추출된 에스프레소와 뜨거운 물을 따른다.
2. 로열스푼을 잔에 걸치고 각설탕을 얹는다.
3. 잔 위에 걸쳐진 각설탕 위에 브랜디(꼬냑)를 부은 후 불을 붙인다.

Menu Tip

브루잉(드립) 방식으로 진하게 추출한 커피를 사용하면 더욱 깊이 있고 품격 있는 맛을 즐길 수 있다.

Coffee Spirit & Cocktail
06

모카 마티니
Mocha Martini

마티니(Martini)는 진(Gin)에 베르무트(Vermouth)를 섞은 후 올리브(Olive)로 장식한 무색투명한 칵테일의 한 종류이다. 향긋하지만 강한 쓴맛이 난다. 주로 식전에 마시는 마티니에 초콜릿을 첨가하여 응용한 커피 칵테일이다.

Ingredient

- □ 에스프레소 2shot
- □ 보드카 30g
- □ 초콜릿 소스 30g
- □ 초콜릿 칩
- □ 큐브 얼음

Recipe

1. 마티니잔 림 가장자리에 초콜릿 소스를 바른다.
2. 초콜릿 소스가 발려진 림부분에 초콜릿 칩을 장식한다.
3. 클래식 셰이커에 보드카와 에스프레소를 따른다.
4. 모든 재료가 담겨진 셰이커에 큐브 얼음을 넣는다.
5. 셰이커를 30회 정도 빠르고 강하게 쉐이킹한다.
6. 초콜릿 소스와 초콜릿 칩이 발려진 마티니잔에 얼음을 제외한 음료를 따른다.

Menu Tip

조금 더 진한 단맛을 원할 경우 초콜릿 소스 20g과 캐러멜 소스 10g을 혼합하여 사용하면 더욱 좋다.

Coffee Spirit & Cocktail
07

에스프레소 마티니

Esprèsso Martini

마티니(Martini)는 진(Gin)에 베르무트(Vermouth)를 섞은 후 올리브(Olive)로 장식한 무색투명한 칵테일의 한 종류이다. 향긋하지만 강한 쓴맛이 난다. 주로 식전에 마시는 마티니를 응용하여 만든 커피 칵테일이다.

Ingredient

- □ 에스프레소 2shot
- □ 보드카 30g
- □ 플레인 시럽 30g
- □ 큐브 얼음

Recipe

1. 클래식 셰이커에 보드카, 플레인 시럽, 에스프레소를 따른다.
2. 모든 재료가 담겨진 셰이커에 큐브 얼음을 넣는다.
3. 셰이커를 30회 정도 빠르고 강하게 쉐이킹한다.
4. 스트레이너를 사용하여 마티니잔에 얼음을 제외한 음료를 따른다.
5. 음료위에 거품이 형성되면 원두로 장식한다.

Menu Tip

마티니라는 이름은 베르무트를 생산하는 회사인 이탈리아의 '마티니 앤 로시(Martini & Rossi)'의 이름에서 유래되었다.

Coffee Spirit & Cocktail
08

멜론 라운지

Melon Lounge

멜론은 박과(Cucurbitaceae)에 속하는 과일로 동아프리카에 있는 양생종이 아프리카 북부, 중근동에서 재배되면서 전해졌다는 설이 있다. 머스크 멜론은 그물 멜론계 일종으로 강한 향기를 사향(Musk)에 관련시켜 머스크 멜론이라고 한다. 멜론 라운지(Melon Lounge)는 이러한 달콤하고 친숙한 멜론을 향긋하게 즐기 수 있는 칵테일 음료이다.

Ingredient

- □ 머스크 멜론 1/8개
- □ 보드카 30g
- □ 플레인 시럽 30g
- □ 홀밀크 120g
- □ 큐브 얼음

Recipe

1. 셰이커 글라스에 머스크 멜론을 넣고 머들링(Muddling) 해준다.
2. 머들링된 머스크 멜론이 담긴 셰이커에 플레인 시럽과 보드카를 따른다.
3. 플레인 시럽과 보드카가 담긴 셰이커에 홀밀크를 따른다.
4. 모든 재료가 담겨진 셰이커에 큐브 얼음을 넣는다.
5. 셰이커 글라스에 틴을 장착한 후 강하게 쉐이킹한다.
6. 준비된 둥근잔에 음료와 얼음을 함께 따른 후 멜론 껍질로 장식을 한다.

Menu Tip

음료 제공시 멜론의 과육때문에 일반 빨대와 함께, 조금 구경이 큰 버블티 빨대를 함께 제공한다.

Coffee Spirit & Cocktail
09

리얼 콜라다

Real Colada

리얼 콜라다(Real colada)는 스페인어로 '파인애플이 무성한 언덕'이라는 의미를 지니고 있다. 카리브해에서 만들어졌으며 알코올 맛보다는 진한 코코넛 향과 파인애플 주스가 어우러져 여성들의 사랑을 받는 트로피컬 칵테일 중 하나이다. 시원함과 달콤함으로 상쾌한 기분을 주는 최고의 칵테일이다.

Ingredient

- □ 파인애플 1/8개
- □ 파인애플 주스 90g
- □ 보드카 30g
- □ 코코넛 크림 30g
- □ 큐브 얼음

Recipe

1. 셰이커 글라스에 파인애플을 넣고 머들링(Muddling) 해준다.
2. 머들링된 파인애플이 담긴 셰이커에 코코넛 크림을 따른다.
3. 파인애플과 코코넛 크림이 담긴 셰이커에 보드카와 파인애플 주스를 따른다.
4. 모든 재료가 담겨진 셰이커에 큐브 얼음을 넣는다.
5. 셰이커 글라스에 틴을 장착한 후 강하게 쉐이킹한다.
6. 준비된 롱 글라스에 음료와 얼음을 함께 따른 후 파인애플 슬라이스로 장식을 한다.

Menu Tip

코코넛 크림은 액상이 아닌 크림으로 되어 있는 것으로 사용해야 풍미를 살릴 수 있다.

레몬 스쿼시

Lemon Squash

레몬 스쿼시(Lemon Squash)는 비타민C가 풍부한 레몬을 사용하여 쉽고 간단하게 만들 수 있으며, 피곤함을 느끼거나 레몬의 상큼함과 청량감으로 활력을 얻고 싶을 때 추천하는 칵테일이다.

Ingredient

- □ 레몬 1개
- □ 럼 30g
- □ 플레인 시럽 30g
- □ 스프라이트 150g
- □ 크러셔(Crusher) 얼음

Recipe

1. 스퀴저(Squeezer)를 사용하여 레몬즙을 짠 후 글라스에 따른다.
2. 레몬즙이 담긴 글라스에 럼과 플레인 시럽을 따른다.
3. 럼과 플레인 시럽이 담긴 글라스에 크러셔 얼음을 채운다.
4. 크러셔 얼음이 채워진 잔에 스프라이트를 따른다.

*** 레몬 슬라이스, 라임, 등으로 장식한다.**

Menu Tip

기호에 따라 설탕이나 꿀을 사용하면 풍미를 살릴 수 있다. 럼을 빼고 탄산 대신 물을 사용하면 레모네이드(Lemonade)가 된다.

고구마 라떼

호박 라떼

녹차 라떼

쑥 라떼

초콜릿 라떼

아이스 녹차 라떼

그린티 모카

PART 06

여러 가지 재료와 우유를 베이스로 만들어진 디 카페인 음료

Latte Variation

Latte Variation
01

고구마 라떼

Sweet Potato Latte

고구마 라떼(Sweet Potato Latte)는 2003년 고구마 케이크를 얼음과 함께 갈아 고구마 프라페를 기초로 응용하여 개발된 음료이다. 당시 피자(Pizza)의 재료로 쓰인 고구마 페이스트(Ppaste)를 사용하여 따뜻한 우유에 혼합하여 만든것이 시초가 되었다. 그 후 페이스트 형태는 고구마를 건조시켜 분쇄한 고구마 파우더 형태의 제품이 출시되고, 자색 고구마 파우더 등이 개발되면서 친숙한 우유 음료로 자리 잡았다.

Ingredient

- ☐ 고구마 파우더 25g
- ☐ 홀밀크 200g
- ☐ 뜨거운 물 10g

Recipe

1. 투명 머그잔에 고구마 파우더를 넣는다.
2. 고구마 파우더가 담긴 머그잔에 뜨거운 물을 따른다.
3. 바 스푼을 사용하여 고구마 파우더를 잘 녹여준다.
4. 스티밍(Steaming)한 부드러운 폼밀크(Foamed Milk)를 따른다.

Menu Tip

뜨거운 물 대신 따뜻한 우유에 녹여주면 더욱 좋다. 차가운 아이스 고구마 라떼로 만들 때에는 파우더 25g을 추가하여 총 50g을 우유와 혼합한 후 얼음을 넣어주면 된다.

Latte Variation
02

호박 라떼

Pumpkin Latte

호박 라떼(Pumpkin Latte)는 2004년 바리스타대회의 창작 메뉴인 단호박 모카를 기초로 응용된 음료이다. 단호박은 스팀하여 익힌후 설탕과 혼합하여 페이스트 형태로 만든것이 시초가 되었다. 그 후 호박을 건조시켜 분쇄한 호박 파우더 형태의 제품이 출시되면서 친숙한 우유 음료로 자리 잡았다.

Ingredient

- □ 호박 파우더 25g
- □ 홀밀크 200g
- □ 뜨거운 물 10g

Recipe

1. 투명 머그잔에 호박 파우더를 넣는다.
2. 호박 파우더가 담긴 머그잔에 뜨거운 물을 따른다.
3. 바 스푼을 사용하여 호박 파우더를 잘 녹여준다.
4. 스티밍(Steaming)한 부드러운 폼밀크(Foamed Milk)를 따른다.

Menu Tip

뜨거운 물 대신 따뜻한 우유에 녹여주면 더욱 좋다. 차가운 아이스 호박 라떼로 만들 때에는 파우더 25g을 추가하여 총 50g을 우유와 혼합한 후 얼음을 넣어주면 된다.

Latte Variation
03

녹차 라떼

Green Tea Latte

녹차 라떼(Green Tea Latte)는 1999년 가루녹차에 요거트와 혼합한 디저트를 기초로 만들어진 음료이다. 당시 일본산 말차(가루녹차)의 관세가 너무 높아 수입이 불가능하여 설탕을 혼합하여 수입하게 되면서 녹차 파우더가 알려지게 되었으며 2002년 종로의 한 카페에서 오픈 기념으로 출시하면서 녹차를 대중화하는 계기가 되었다.

Ingredient

- □ 녹차 파우더 25g
- □ 홀밀크 200g
- □ 뜨거운 물 10g

Recipe

1. 투명 머그잔에 녹차 파우더를 넣는다.
2. 녹차 파우더가 담긴 머그잔에 뜨거운 물을 따른다.
3. 바 스푼을 사용하여 녹차 파우더를 잘 녹여준다.
4. 스티밍(Steaming)한 부드러운 폼밀크(Foamed Milk)를 따른다.

Menu Tip

뜨거운 물 대신 따뜻한 우유에 녹여주면 더욱 좋다. 차가운 아이스 녹차 라떼로 만들 때에는 파우더 25g을 추가하여 총 50g을 우유와 혼합한 후 얼음을 넣어주면 된다. 참고로 녹차 파우더는 제조업체별로 당도와 함량이 많이 다르기 때문에 종류에 따라 양을 조절해야 한다.

Latte Variation
04

쑥 라떼

Wormwood Latte

쑥 라떼(Wormwood Latte)는 2005년 고구마, 호박 등을 제조 판매하던 업체가 새로운 파우더 제품 개발과정에서 만들어진 것이 시초가 되었다. 한국인에게 친숙한 쑥은 몸을 따뜻하게 해주고 건강한 재료로 인식되면서 건강식 우유 음료로 자리 잡았다.

Ingredient

- □ 쑥 파우더 25g
- □ 홀밀크 200g
- □ 뜨거운 물 10g

Recipe

1. 투명 머그잔에 쑥 파우더를 넣는다.
2. 쑥 파우더가 담긴 머그잔에 뜨거운 물을 따른다.
3. 바 스푼을 사용하여 쑥 파우더를 잘 녹여준다.
4. 스티밍(Steaming)한 부드러운 폼밀크(Foamed Milk)를 따른다.

Menu Tip

뜨거운 물 대신 따뜻한 우유에 녹여주면 더욱 좋다. 차가운 아이스 쑥 라떼로 만들 때에는 파우더 25g을 추가하여 총 50g을 우유와 혼합한 후 얼음을 넣어주면 된다.

Latte Variation
05

초콜릿 라떼

Chocolate Latte

초콜릿 라떼(Chocolate Latte)는 일반적으로 많이 알려진 핫 초코와 같은 음료를 카페 메뉴 이름에 맞게 변형한 음료이다. 초콜릿은 함량에 따라 다양한 종류로 나뉘는데 코코아를 사용하면, 코코아 음료가 되고, 카카오를 사용하면 카카오 음료가 된다. 요즘은 다양한 종류의 초콜릿 재료가 판매되면서 초콜릿 음료의 품질과 맛이 많은 차이를 발생하기도 한다.

Ingredient

- □ 초콜릿 파우더 25g
- □ 홀밀크 200g
- □ 뜨거운 물 10g

Recipe

❶ 투명 머그잔에 초콜릿 파우더를 넣는다.

❷ 초콜릿 파우더가 담긴 머그잔에 뜨거운 물을 넣고 초콜릿 파우더를 잘 녹여준다.

❸ 스티밍(Steaming)한 부드러운 폼밀크(Foamed Milk)를 따른다.

Menu Tip

조금 진하고 묵직한 느낌의 초콜릿 라떼를 만들 때에는 초콜릿 파우더와 초콜릿 소스를 각각 15g씩 넣어 주거나 카카오 버터 함유량이 많은 고급 커버추어(Couverture) 초콜릿를 녹여서 사용하면 좋다.

Latte Variation
06

아이스 녹차 라떼

Iced Green Tea Latte

아이스 녹차 라떼(Iced Green Tea Latte)는 1999년 가루녹차에 요거트와 혼합한 디저트를 기초로 만들어진 음료이다. 당시 일본산 말차(가루녹차)의 관세가 너무 높아 수입이 불가능하여 설탕을 혼합하여 수입하게 되면서 녹차 파우더가 알려지게 되었으며 2002년 종로의 한 카페에서 오픈 기념으로 출시하면서 녹차를 대중화하는 계기가 된 녹차 라떼를 응용한 차가운 우유 음료이다.

Ingredient

- □ 녹차 파우더 50g
- □ 홀밀크 200g
- □ 큐브 얼음

Recipe

1. 아이스잔에 녹차 파우더를 넣는다.
2. 녹차 파우더가 담긴 아이스잔에 홀밀크 200g을 따른다.
3. 바 스푼을 사용하여 녹차 파우더를 잘 녹여준다.
4. 녹차 파우더가 담긴 아이스잔에 큐브 얼음을 넣은 후 차가운 홀밀크를 따른다.

Menu Tip

녹차 파우더는 제조업체별로 당도와 함량이 많이 다르기 때문에 종류에 따라 양을 조절해야 한다.

Latte Variation
07

그린티 모카

Green Tea Mocha

그린티 모카(Green Tea Mocha)는 1999년 가루녹차에 요거트와 혼합한 디저트를 기초로 만들어진 음료이다. 당시 일본산 말차(가루녹차)의 관세가 너무 높아 수입이 불가능하여 설탕을 혼합하여 수입하게 되면서 녹차 파우더가 알려지게 되었으며 2002년 종로의 한 카페에서 오픈 기념으로 출시하면서 녹차를 대중화하는 계기가 된 녹차 라떼를 응용한 우유 음료이다.

Ingredient

- □ 녹차 파우더 20g
- □ 화이트 초콜릿 소스 15g
- □ 홀밀크 200g
- □ 생크림

Recipe

1. 투명 머그잔에 녹차 파우더를 넣는다.
2. 녹차 파우더가 담긴 머그잔에 화이트 초콜릿 소스를 따른다.
3. 바 스푼을 사용하여 녹차 파우더를 잘 녹여준다.
4. 스티밍(Steaming)한 부드러운 폼밀크(Foamed Milk)를 따른다.
5. 기호에 따라 생크림을 올린다.

Menu Tip

녹차 파우더는 제조업체별로 당도와 함량이 많이 다르기 때문에 종류에 따라 양을 조절해야 한다.

아이스티

오렌지 아이스티

키위 스쿼시 아이스티

바닐라 플로트 아이스티

시나몬 애플 사이다

캐러멜 애플 사이다

홍차

밀크티

레몬티

루이보스 허니 밀크티

루이보스 시나몬 밀크티

PART 07

차(Tea)를 베이스로 여러가지 재료를 이용하여 만들어지는 음료

Tea Variation

Tea Variation
01

아이스티

Iced Tea

아이스티(Iced Tea)는 1904년 세인트루이스 국제박람회에서 영국인 홍차 상인이 전시 판매하던 차에 얼음을 넣어 판매한 것이 유래가 되었다. 아이스티를 만들 때에는 찻잎을 진하게 우려낸 후 급랭시켜 홍차 특유의 맛과 색상을 살리는 것이 중요하다.

Ingredient

- □ 홍찻잎 3g
- □ 뜨거운 물 150g
- □ 큐브 얼음
- □ 레몬 슬라이스

Recipe

1. 티포트(Teapot)나 서버(Server)에 홍찻잎을 넣는다.
2. 홍찻잎이 담긴 티포트에 뜨거운 물을 따른다.
3. 2분 정도 우린 후 티 스트레이너(Tea Strainer)를 사용하여 얼음이 담긴 서버에 천천히 따른다.
4. 홍차가 완전히 냉각되면 얼음이 채워진 롱글라스에 옮겨 따른다.
   *** 취향에 따라서 레몬 슬라이스를 넣어준다.**

Menu Tip

홍차를 차갑게 만들 때에는 얼음에서 급랭시켜야 색이 뿌옇게 흐려지는 크림다운(Cream Ddown)현상이 발생되지 않는다. 크림다운 현상을 다른 말로 크리밍(Creaming), 백탁현상(白濁現象) 이라고도 한다. 급랭시키는 과정에서 얼음이 녹아 홍차의 농도가 연해지기 때문에 찻잎과 물의 비율을 잘 조절해야 한다.

Tea Variation
02

오렌지 아이스티

Orange Iced Tea

오렌지 아이스티(Orange Iced Tea)는 아이스티를 응용한 음료이다. 오렌지 본연의 향과 맛을 끌어내는 것이 특징이다. 여름에 영국 사람들이 즐겨 마시는 아이스 음료이다.

Ingredient

- □ 홍찻잎 3g
- □ 뜨거운 물 150g
- □ 오렌지 1/2개
- □ 오렌지 슬라이스

Recipe

1. 스퀴저(Squeezer)를 사용하여 오렌지 즙을 짠 후 얼음이 채워진 글라스에 따른다.
2. 추출 후 완전히 냉각된 홍차를 오렌지 즙과 얼음이 담긴 롱글라스에 옮겨 따른다.
3. 오렌지 슬라이스를 장식한다.

Menu Tip

당도가 높은 오렌지를 즉석에서 스퀴즈(Squeeze) 하여 사용하면 더욱 진한 오렌지의 향을 느낄 수 있다. 기호에 따라서 플레인 시럽이나 과일 플레이버 시럽을 첨가할 수 있다.

Tea Variation
03

키위 스쿼시 아이스티

Kiwi Squash Iced Tea

스쿼시(Squash)는 '누르다, 눌러 찌그러뜨리다, 짜다, 납작하다'라는 뜻으로, 즙을 짜내어 만드는 음료와 다른 점은 과일의 과육까지 으깨어 퓌레(Puree)까지 넣는다. 키위 스쿼시 아이스티(Kiwi Squash Iced Tea)는 아이스티의 친숙함과 과일, 그리고 탄산까지 포함되어 여름에 갈증을 해소하기 좋은 음료이다.

Ingredient

- □ 홍찻잎 3g
- □ 뜨거운 물 150g
- □ 탄산수 50g
- □ 플레인 시럽 20g
- □ 키위 1개
- □ 레몬 1/2개

Recipe

1. 아이스 글라스에 플레인 시럽과 레몬즙, 키위를 넣고 머들링(Muddling) 해준다.
2. 모든 재료가 담겨진 글라스에 탄산수를 따르고 큐브 얼음을 넣는다.
2. 홍차를 우려낸 후 완전히 냉각된 아이스티를 잔에 따른다.

Menu Tip

과육까지 식용이 가능한 과일은 모두 응용이 가능하다. 과일의 당도에 따라 과일 플레이버 시럽이나 플레인 시럽을 첨가해서 당도를 조절한다.

Tea Variation
04

바닐라 플로트 아이스티

Vanilla Float Iced Tea

플로트(Float)는 '뜨다, 띄우다'의 영어의 사전적인 용어이다. 바닐라 플로트 아이스티(Vanilla Float Iced Tea)는 다양한 음료에 아이스크림을 띄워서 만드는 음료로, 단순히 마시는 음료에 부드러운 식감을 포함시켜 즐거움을 주는 음료이다. 특히 여성에게 인기가 있으며 시각적인 아름다움과 부드러운 크림으로 미각을 돋우는 음료이다.

Ingredient

- □ 홍찻잎 3g
- □ 뜨거운 물 150g
- □ 바닐라 아이스크림 1scoop
- □ 오렌지 슬라이스

Recipe

❶ 홍차를 우려낸 후 완전히 냉각된 아이스티를 얼음이 담긴 잔에 따른다.
❷ 아이스티가 담긴 잔에 오렌지 슬라이스를 올려준다.
❸ 모든 재료가 담긴 잔 위에 바닐라 아이스크림을 올려준다.

Menu Tip

기호에 따라 플레인 시럽을 첨가하여 단맛을 추가할 수 있으며 다양한 종류의 음료에도 응용이 가능하다.

Tea Variation
05

시나몬 애플 사이다

Cinnamon Apple Cider

애플 사이다(Apple Cider)는 우리나라에는 많이 알려지지 않은 음료이다. 사과에 시나몬 등 다양한 향신료 향이 가미되어 독특한 느낌을 만들어내는 이국적인 건강 음료이다. 시나몬 애플 사이다(Cinnamon Apple Cider)는 탄산음료가 아니며 미국의 일부 카페에서 판매하기 시작하면서 알려진 음료이다.

Ingredient

- □ 애플 사이다 파우더 25g
- □ 뜨거운 물 180g
- □ 사과 슬라이스

Recipe

1. 투명 머그잔에 애플사이다 파우더를 넣는다.
2. 애플사이다 파우더가 담긴 잔에 뜨거운 물을 따른 후 바 스푼을 사용하여 녹여준다.
3. 완성된 음료에 사과 슬라이스를 올린다.

Menu Tip

애플 사이다 원료를 직접 만들 때에는 사과, 오렌지 등의 과일과 시나몬, 정향(Clove), 핑크 페퍼콘(Pink Peppercorn) 등의 향신료를 함께 넣고 오랜 시간 천천히 끓여서 만든다. 사과의 단맛과 스파이시한 향들이 절묘하게 조화를 이루는 상쾌하면서도 건강식 음료이다.

Tea Variation
06

캐러멜 애플 사이다

Caramel Apple Cider

애플 사이다는 우리나라에는 많이 알려지지 않은 음료이다. 사과에 시나몬 등 다양한 향신료 향이 가미되어 독특한 느낌을 만들어내는 이국적인 건강 음료이다. 캐러멜 애플 사이다(Caramel Apple Cider)는 탄산음료가 아니며 미국의 일부 카페에서 판매하기 시작하면서 알려진 애플 사이다의 응용 메뉴이다.

Ingredient

- □ 애플 사이다 파우더 25g
- □ 뜨거운 물 180g
- □ 캐러멜 소스
- □ 생크림

Recipe

1. 투명 머그잔에 애플 사이다 파우더를 넣는다.
2. 애플 사이다 파우더가 담긴 잔에 뜨거운 물을 따른 후 바 스푼을 사용하여 녹여 준다.
3. 완성된 음료에 생크림을 올린 후 캐러멜 소스로 장식한다.

Menu Tip

애플 사이다 원료를 직접 만들 때에는 사과, 오렌지 등의 과일과 시나몬, 정향(Clove), 핑크 페퍼콘(Pink Peppercorn) 등의 향신료를 함께 넣고 오랜 시간 천천히 끓여서 만든다. 사과의 단맛과 스파이시한 향들이 절묘하게 조화를 이루는 상쾌하면서도 건강식 음료이다.

Tea Variation
07

홍차

Black Tea

홍차(Black Tea)는 차나무의 어린잎을 비벼서 발효, 건조시켜 만든다. 끓는 물에 넣으면 붉은 오렌지색을 띠고 향기가 난다. 상쾌한 떫은맛, 감칠맛, 약간의 단맛, 쓴맛을 가지고 있다. 주로 중국, 일본, 스리랑카 등지에서 생산된다. 생산되는 지역에 따라 다양한 종류가 있으며, 가공 방법에 따라 차의 종류와 등급 등이 달라진다.

Ingredient

- □ 홍찻잎 2g
- □ 뜨거운 물 180g

Recipe

1. 티포트(Teapot)나 서버(Server)에 홍찻잎을 넣는다.
2. 홍찻잎이 담긴 티포트에 뜨거운 물을 따른다.
3. 3분 정도 우린 후 티 스트레이너(Tea Strainer)를 사용하여 잔에 따른다.

Menu Tip

홍찻잎은 우릴 때 저어주게 되면 과도한 추출로 인해 떫은맛과 쓴맛이 강해지기 때문에 신선한 물을 충분히 끓여 기포가 발생되도록 조금 높게 티포트에 따라주고 그냥 두면 된다.

Tea Variation
08

밀크티

Milk Tea

밀크티(Milk Tea)는 일반적으로 맛과 향이 강한 아쌈(Assam)종의 찻잎을 우려내어 우유를 첨가하여 마시는 차를 말한다. 찻잎을 크지 않고 별도로 균일하게 가공된 찻잎을 사용하면 더욱 진한게 만들 수 있다. 우유를 첨가하면 홍차의 떫은맛을 중화시켜 부드러운 맛과 은은한 차향을 함께 즐길 수 있다.

Ingredient

☐ 홍찻잎 2g
☐ 뜨거운 물 180g
☐ 홀밀크 10g

Recipe

1. 홍찻잎을 우린 후 티 스트레이너(Tea Strainer)를 사용하여 잔에 따른다.
2. 홍차가 담겨진 잔에 차가운 홀밀크를 따른다.

Menu Tip

기호에 따라 착향하여 제조하는 얼그레이(Earl Grey)나 랍상소우총(Lapsang Souchong)을 사용하면 좋다. 데우지 않은 차가운 우유를 넣어야 홍차의 향을 더욱 진하게 느낄 수 있으며, 기호에 따라 우유양을 조질하거나 크림을 넣어주면 좋다. 차를 우유와 끓여서 만드는 로열 밀크티, 차이티(Chai Tea)와는 다르다.

Tea Variation
09

레몬티

Lemon Tea

레몬티(Lemon Tea)는 홍차에 레몬을 첨가한 음료로 홍차를 좀더 상큼한 향으로 즐기기 위한 음료이다. 홍차의 떫은맛을 약하게 하기위해 조금 빨리 우려낸다. 마시기 직전에 레몬 슬라이스를 넣고 티스푼으로 살짝 저어 바로 꺼낸다. 식후에 마시기 좋은 차 음료이다.

Ingredient

- □ 홍찻잎 2g
- □ 뜨거운 물 180g
- □ 레몬 슬라이스

Recipe

1. 홍찻잎을 우린 후 티 스트레이너(Tea Strainer)를 사용하여 잔에 따른다.
2. 홍차가 담긴 잔에 레몬 슬라이스를 올려준다.

Menu Tip

홍사에 레몬을 너무 오래 담가두면 화학적 작용으로 색이 탁해지고 떫은맛이 발생되기 때문에 주의해야 한다.

Tea Variation
10

루이보스 허니 밀크티

Rooibos Honey Milk Tea

루이보스티(Rooibos)는 남아프리카 원주민들이 즐겨 마시던 전통 음료의 재료이다. 루이(Rooi)는 '붉다', 보스(Bos)는 덤불을 의미한다. 100여 년 전에 유럽에 전파되었으며, 카페인이 없고 철분과 칼슘 등 미네랄이 풍부하다. SOD(superoxide dismutase) 성분을 많이 함유하고 있어 항산화작용이 뛰어나 알레르기 완화, 노화방지, 피부미용 등에도 효과가 있다고 전해진다. 루이보스 허니 밀크티(Rooibos Honey Milk Tea)는 꿀을 첨가하여 달콤하게 즐길 수 있는 여성들을 위한 달콤한 차 음료이다.

Ingredient

- □ 루이보스 잎차
- □ 홀밀크 150g
- □ 꿀 20g

Recipe

1. 찻잔에 꿀을 따른다.
2. 꿀이 담긴 찻잔에 추출된 루이보스티를 따른다.
3. 루이보스티가 담긴 잔에 스티밍(Steaming)한 부드러운 폼밀크(Foamed Milk)를 따른다.

Menu Tip

일반적으로 판매하는 루이보스 잎차가 아닌, 에스프레소 머신 전용으로 제조된 루이보스 잎차를 사용하면 더욱 진한 맛을 추출할 수 있다.

Tea Variation
11

루이보스 시나몬 밀크티

Rooibos Cinnamon Milk Tea

루이보스티(Rooibos)는 남아프리카 원주민들이 즐겨 마시던 전통 음료의 재료이다. 루이(Rooi)는 '붉다', 보스(Bos)는 덤불을 의미한다. 100여 년 전에 유럽에 전파되었으며, 카페인이 없고 철분과 칼슘 등 미네랄이 풍부하다. SOD(superoxide dismutase) 성분을 많이 함유하고 있어 항산화작용이 뛰어나 알레르기 완화, 노화방지, 피부미용 등에도 효과가 있다고 전해진다. 루이보스 시나몬 밀크티(Rooibos Cinnamon Milk Tea)는 시나몬을 첨가하여 달콤하게 즐길 수 있는 여성들을 위한 차 음료이다.

Ingredient

- □ 루이보스 잎차
- □ 홀밀크 150g
- □ 플레인 시럽 20g
- □ 시나몬 파우더 1g

Recipe

1. 찻잔에 플레인 시럽을 따른다.
2. 플레인 시럽이 담긴 찻잔에 추출된 루이보스티를 따른다.
3. 루이보스티가 담긴 잔에 시나몬 파우더를 뿌린다.
4. 스티밍(Steaming)한 부드러운 폼밀크(Foamed Milk)를 따른다.

Menu Tip

일반적으로 판매하는 루이보스 잎차가 아닌, 에스프레소 머신 전용으로 제조된 루이보스 잎차를 사용하면 더욱 진한 맛을 추출할 수 있다.

PART 08

아이스크림을 베이스로 만들어진 카페 디저트

Dessert

아포카토

캐러멜 아포카토

티라미수 아포카토

과일 아이스크림

커피 앤 콜라 플로트

Dessert
01

아포카토

Affogato

아포카토(Affogato)는 '빠지다'를 뜻하는 이탈리아어이다. 에스프레소 커피에 아이스크림을 넣어 떠먹는 이탈리안 스타일의 대표적인 커피 아이스크림 디저트이다. 특별한 기술 없이 집에서도 쉽게 만들 수 있다는 장점이 있다.

Ingredient

- □ 바닐라 아이스크림 2scoop
- □ 에스프레소 1shot
- □ 초콜릿 칩
- □ 초콜릿 파우더

Recipe

1. 차갑게 칠링(Chilling)된 아이스크림 볼에 바닐라 아이스크림을 담는다.
2. 바닐라 아이스크림이 담겨진 볼에 추출한 에스프레소를 가장자리에 따른다.
3. 바닐라 아이스크림 위에 초콜릿 칩, 파우더 등으로 장식한다.

Menu Tip

바닐라 아스크림이 가장 에스프레소와 어울리는 맛을 가지고 있으나 커피, 초콜릿, 호두 아이스크림 등과도 잘 어울린다.

Dessert
02

캐러멜 아포카토

Caramel Affogato

아포카토(Affogato)는 '빠지다'를 뜻하는 이탈리아어이다. 에스프레소 커피에 아이스크림을 넣어 떠먹는 이탈리안 스타일의 대표적인 디저트 아포카토를 응용한 아이스크림 디저트이다.

Ingredient

□ 바닐라 아이스크림 2scoop
□ 에스프레소 1shot
□ 캐러멜 소스

Recipe

1. 차갑게 칠링(Chilling)된 아이스크림 볼에 바닐라 아이스크림을 담는다.
2. 바닐라 아이스크림이 담겨진 볼에 추출한 에스프레소를 가장자리에 따른다.
3. 캐러멜 소스, 마시멜로우 등으로 장식한다.

Menu Tip

더욱 진한 캐러멜 맛을 원하면 에스프레소 커피에 캐러멜 소스를 녹여 부어주면 된다. 에스프레소 커피를 넣지 않으면 어린이에게도 좋은 디저트가 된다.

Dessert
03

티라미수 아포카토

Tiramisu Affogato

티라미수는 '나를 끌어 올리다.'라는 뜻으로 티라네(tirare), 미(mi), 수(u)의 이탈리아어의 합성어이다. 티라미수 아포카토(Tiramisu Affogato)를 만드는 방법은 스펀지케이크를 에스프레소에 담궜다 꺼낸 후 마스카포네치즈와 초콜릿 소스를 사이에 넣고 쌓는다. 이러한 티라미수를 아포카토 맛과 함께 느낄 수 있도록 응용한 디저트이다.

Ingredient

- ☐ 바닐라 아이스크림 1.5scoop
- ☐ 에스프레소 1shot
- ☐ 치즈 카스텔라 1개
- ☐ 초콜릿 파우더

Recipe

1. 원통형 글라스에 치즈 카스텔라를 가로로 잘라 한 개를 하단에 놓는다.
2. 치즈 카스텔라 위에 바닐라 아이스크림을 올려준다.
3. 바닐라 아이스크림 위에 추출한 에스프레소를 전체적으로 골고루 뿌려준다.
4. 나머지 한 개의 치즈 카스텔라를 바닐라 아이스크림 위에 올린 후 살짝 눌러준다.
5. 치즈 카스텔라 위에 초콜릿 파우더를 충분히 뿌려준다.

Menu Tip

기호에 따라서 위쪽의 치즈 카스텔라를 마스카르포네(Mascarpone)나 생크림으로 대체한 후 초콜릿 파우더를 뿌리거나 구운 아몬드 슬라이스, 시리얼 등을 올려도 좋다. 카스텔라(Castella)는 카스테라의 정확한 표기법이다.

Dessert
04

과일 아이스크림

Fruit Ice Cream

과일 아이스크림(Fruit Ice Cream)은 누구에게나 친숙한 아이스크림과 과일을 함께 즐길 수 있는 만들기가 쉽고 화려한 아이스크림 디저트이다.

Ingredient

- □ 아이스크림 2scoop
- □ 계절 과일

Recipe

1. 차갑게 칠링(Chilling)된 디저트 글라스에 아이스크림을 담는다.
2. 아이스크림 위에 과일을 보기 좋게 담는다.

Menu Tip

과일을 잘게 썰어 소프트 요거트(Yogurt) 아이스크림과 버무려 먹는 이탈리안 스타일로 변형이 가능하다. 과일, 견과류, 시리얼, 과자 등 다양한 재료를 추가해서 만들 수 있다.

Dessert
05

커피 앤 콜라 플로트

Coffee & Cola Float

커피 앤 콜라 플로트(Coffee & Cola Float)는 진한 에스프레소 커피와 생크림의 고소한 맛이 조화를 이루는 커피 디저트이다. 누구에게나 좋은 맛으로 평가 받을 수 있는 디저트이다.

Ingredient

- □ 에스프레소 1shot
- □ 바닐라 아이스크림 1scoop
- □ 생크림 30g
- □ 콜라 50g
- □ 초콜릿 소스

Recipe

1. 차갑게 칠링(Chilling)된 아이스크림 볼에 생크림을 따른다.
2. 생크림 위에 바닐라 아이스크림을 올려준다.
3. 바닐라 아이스크림 가장자리로 콜라를 먼저 따르고 추출한 에스프레소를 천천히 따른다.
4. 바닐라 아이스크림 위에 초콜릿 소스를 뿌려 장식한다.

Menu Tip

콜라의 탄산은 자칫 무겁게 느낄 수 있는 텍스쳐(Texture)를 깨끗하게 만들어 주는 역할을 한다. 콜라 대신 다른 탄산음료로 대체가 가능하다.

APPENDIX

Espresso & Milk Steaming

에스프레소

에스프레소 정의

에스프레소Espresso는 이탈리아어로 빠르다는 의미로 그 단어가 의미하듯이 "빠르게 추출하는 커피"를 말한다. 일반적인 커피 추출이 최소 3~4분 정도에 추출하는 반면, 에스프레소는 30초 동안에 커피원두의 유용한 모든 맛을 추출한다. 이러한 특성 때문에 에스프레소는 전용 추출 머신을 사용하는데, 보일러에서 뜨겁게 데워진 물을 가압 펌프를 이용하여 인위적인 압력을 생성하여 추출하는 커피를 총칭해서 에스프레소라 한다.

에스프레소 커피	요소	드립식 커피
0.3m 정도	분쇄도	1mm 정도
20초	시간	2~3분
9기압	압력	1기압
수, 불용성	성분	수용성
5배	농도	1배
30ml	추출량	150ml
1배	카페인	2배

● 에스프레소와 드립식 커피 비교

압력방식의 추출

드립방식 커피는 중력의 힘으로 커피를 추출하기 때문에 원두에서 물에 용해되는 수용성水溶性 성분만 추출하게 되며, 에스프레소는 중력에 8~9배의 압력을 이용하여 수용성 성분 외에 불용성不溶性 성분도 함께 추출된다. 이러한 이유로 에스프레소는 드립식 커피보다 맛이 탁한 것이 특징이다. 인위적인 힘을가해 추출하기 때문에 드립식 커피보다 더욱 진한 맛과 강렬한 향을 만들어 낸다. 또한 드립식보다 미세하게 분쇄한 커피를 사용하고 커피와 물이 닿는 시간이 짧기 때문에 카페인 함량도 적어지게 된다.

에스프레소의 맛과 향

에스프레소는 특히 원두의 특성들이 발휘되어 더욱 자극적인 효과를 낸다. 다른 커피음료의 일반적인 특징과 함께 에스프레소만의 "특별한 어떤 것", 즉 감칠맛과 향이 더해지는 것이다. 다시 말해 에스프레소의 진정한 매력은 짙은 감칠맛과 폭발적인 향에 있다고 해도 과언이 아니다. 이 같은 감칠맛과 향은 에스프레소 머신에서 추출한 후 발산되는데 이는 원두의 지방성분 때문이다. 원두를 볶을 때 발산되는 휘발성 향들은 안정화, 포장, 유통기간 동안 원두의 오일Oil에 달라붙어 있다가 에스프레소로 만들어지면서 공기중으로 방출되는 것이다. 향을 포함하고 있는 오일은 감칠맛과 함께 부드러운 감촉을 입으로 전달하는데 원두에 함유된 여러성분들이 작은 가스기포와 결합되면서 매우 진하면서도 쓴맛이 과다하지 않은 특유의 맛을 만들어 낸다.

이탈리아 커피

에스프레소는 이처럼 커피가 가지고 있는 순수하고 진한 맛과 향을 담고 있기 때문에 커피의 심장Heart of Coffee이라고 불리기도 한다. 이탈리아에서 탄생되고 발전한 이탈리아의 대표 커피로, 이탈리아인들에게 에스프레소는 생활의 일부분일 정도로 깊숙이 자리 잡았는데, 현재는 전 세계 커피시장에 막대한 영향력을 미치고 있으며, 전 세계 커피 마니아들의 입맛을 사로잡고 있다.

데미타세잔에 제공되는 에스프레소 커피

에스프레소 추출 공식

에스프레소를 만들기 위해서는 "미세하게 분쇄된 커피 7~10g, 88~96℃의 온도로 가열된 물에 8~10bar의 압력을 가해 20~35초 이내에 21~35ml(1oz 정도) 추출 한다"는 기준이 있다. 커피 로스팅업체나 머신 제조업체마다 약간의 수치차이는 있지만 이와 같은 기준으로 추출한 커피를 총칭하여 에스프레소라 말한다.

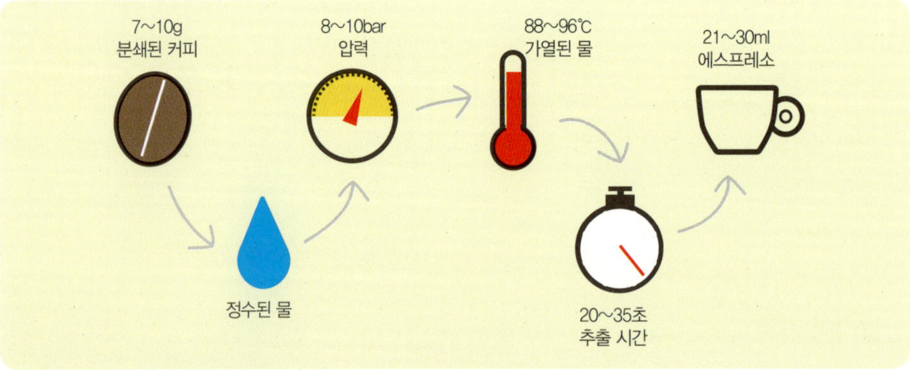

추출 기준

위에서 말하는 추출 기준은 단순한 수치적인 배열과 순차적인 조절을 의미하는 단순한 개념을 말하는 것이다. 이는 실제 추출에 있어서는 많은 차이를 느끼게 한다. 단순히 추출은 추출량과 시간만을 가지고 말하기는 너무도 모순점이 많기 때문이다. 에스프레소는 단순히 추출되는 형태의 결과를 말하는 것이 아니라 우리가 마시는 음료의 개념을 보았을 때 "감각적 맛"이라는 관점을 생각하지 않으면 안 되기 때문이다.

에스프레소 추출의 다른 시각

이론적 공식에 맞춰서 에스프레소가 100% 맛이 좋다고 할 수 있을까? 이러한 질문에 "예"라고 대답할 수 있는 바리스타가 몇이나 있을까? 여기서 결론을 먼저 내려보면 "에스프레소 커피는 1초에 1ml(1cc)의 정도의 양을 추출하는 커피이다."라고 말하고 싶다. 이 단순한 결론에는 무수히 많은 의미가 숨어져 있다는 것을 알아야 한다. 추출량, 시간 뿐 아니라 추출 유속도 함께 포함하고 있다는 것이나. 처음 떨이지는 양과 마지막까지 떨어지는 추출량이 일정해야 한다는 것이다. 이처럼 단순히 에스프레소 커피는 30ml(1oz)를 의미하지 않는다는 말이며, 적절한 농도로 추출된 작은 양의 진한커피를 말한다.

요소	기준
커피분쇄도	고르고 미세한 입자 (0.1~0.3mm)
커피양	7~10g (1잔 기준)
추출시간	20~35초
추출온도	88~96℃
추출압력	8~10bar
추출량	21~35ml
크레마(Crema)	3mm 이상 브라운 컬러. 짙고 연한 줄무늬
맛	풍부한 향과 입안 전체를 감싸주는 묵직한 맛
추출농도	6% 이상

Tip

통상적인 기준이며 로스팅 업체의 블렌딩과 로스팅 상태에 따라 차이가 날 수 있고, 에스프레소 머신 업체에 따라 달라질 수 있다. 블렌딩 차이에 따라 크레마의 기준과 맛의 기준도 약간은 달라질 수 있으나 쓴맛과 균형은 아주 중요한 요소이다.

● 에스프레소 커피는 추출시 점도가 있다.

에스프레소 감각적 특성

순수한 감각적 즐거움에 있어, 일상의 경험 중 그 어느 것도 맛있는 에스프레소 한잔과 견줄 수 없다. 방금 만들어낸 에스프레소의 매혹적인 향기는 아침을 깨우는 자명종과 같은 존재로, 우리 삶 속 깊이 존재하고 있으며, 거리를 지나는 사람들의 발걸음을 카페로 이끈다.

이 단순해 보이는 에스프레소 커피속에는 심오하고 복잡한 화학적 반응에서 만들어지는, 여러가지 요소들이 집합된 하나의 과학의 산물이 들어있다. 커피 재배, 생산과 볶기 그리고 추출 과정 하나하나의 어느 요소라도 소홀히 해서는 안되며 완벽한 풍미Flavor, 향Aroma과 맛, 농도Body를 결정하는 에스프레소에 담겨진 수백가지의 성분을 적절하게 만들어내는 일일 것이다.

에스프레소 생성 원리

● 에스프레소 추출 원리

매우 높은압력에 의해 물은 커피가루를 통과하게 되고 이때 향을 만들어내는 수용성 물질의 대부분과 함께 오일Oil 및 콜로이드Colloid 등과 같은 불용성 물질까지 추출된다. 높은압력의 작용에의한 오일과 콜로이드는 유화乳化, Emulsification되어 미세한 방울로 분해되는데 이는 에스프레소의 농도와 향을 증가시킨다. 미세한 방울은 물을 주입Infusion하고 압력Pressure으로 밀어내며 생기는 황금색이나 갈색의 크림Cream을 말하는 것으로 크림 입자들은 쉽게 침전되지 않고 커피위에 떠있는 상태가 된다. 이때 불용성 물질로는 오일과 콜로이드가 이에 해당된다. 또한 이러한 성분들은 중력 추출방식에서는 볼 수 없는 화학적 변화를 가져오게 되는데, 이 두 가지의 성분이 혼합되어 지면서 크레마Crema라고 불리는 미세한 기포형태의 물질이 형성된다. 즉 물과 기름처럼 서로 용해하지 않는 두 액체를 흔들어서 섞으면 유제화乳劑 된다. 이를 에멀젼Emulsion 현상이라 한다. 하지만 이것은 일반적으로 방치해 두면 다시 두 물질은 다른 액상으로 갈라지게 되는데 이때 모습은 에스프레소가 추출된 후 분리되는 현상으로 볼 수 있다.

에멀젼Emulsion 현상

유제乳劑 혹은 유상화乳狀化라고 한다. 액체를 혼합할 때 한쪽 액체가 미세한 입자로되어 다른액체 속에 분산해 있는 상태를 말한다. 에스프레소 추출에서 이러한 현상은 고 압력에 의해 밀려나오면서 오일과 콜로이드는 외부 압력차에 의해 팽창하게 되는데, 이때 정확히 추출된 에스프레소 커피는 물에 용해된 향, 맛, 바디를 담당하는 여러 형태의 물질 표면장력表面張力에 의한 것으로 이렇게 정확히 추출된 에스프레소에서는 크레마Crema의 밀도와 지속성을 유지하게 되는 것이다.

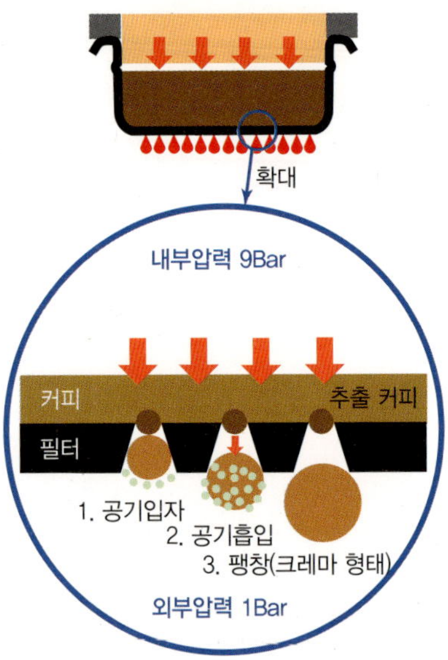

압력하에 의해 공기가 유입되면서
유제화되면서 기포가 형성된다.

● 크레마의 생성 원리

크레마 Crema

많은 커피 전문가들은 커피의 결정판은 에스프레소라 말한다. 이러한 에스프레소를 추출하는 요소중에 가장 중요시 되는것 또한 크레마라 해도 누구도 부정하지는 않을 것이다. 크레마는 영어로 말하면 크림Cream이다. 크레마는 붉은빛이 감도는 부드러운 갈색 거품형태로 두툼하게 잔에 담기게 된다. 얇은막에 갇혀있는 작은 공기방울로 이루어진, 놀랍도록 꺼지지않는 거품형태의 크레마는 커피의 독특한 맛Flavor과 향Aroma을 품고 있고, 열Heat 또한 잡아 놓는다. 에스프레소 품질은 크레마에 의해 시각적으로 판단되기도 하는데, 처음 추출될 때는 짙은 갈색이었다가, 시간이 지나면서 점점 엷은 갈색으로 추출된다. 완성된 에스프레소에는 갈색 거품이 3~4mm정도 형성되고, 표면에는 "호랑이 무늬Tiger Skin" 모양이 만들어진다. 이 크레마의 입자가 아주 미세하고 오래 지속될수록 완벽한 에스프레소라 할 수 있다.

크레마의 발견

에스프레소 방식의 초기부터 크레마가 생성된 것은 아니었다. 수많은 노력과 연구중에 우연히 발견된 "과학의 산물"인 것이다. 초기 상업용 에스프레소 머신들은 수증기 압력을 이용하여 커피를 추출하다 보니, 낮은 추출압력(1.5bar 정도)으로 인해 쓰고 신맛이 강한 저급커피가 추출되었다. 스프링Spring을 이용한 피스톤의 힘으로 뜨거운 물을 압축시켜, 커피를 추출하는 레버식 에스프레소 머신이 개발되면서 높은 압력을 만들 수 있게 되었다. 이는 크레마를 자연적으로 발생시키는 계기가 되었다.

요소	특징
크레마의 색상	연한 갈색(헤즐넛), 짙은 갈색과 붉은 광택이 있어야 한다.
크레마의 밀도와 지속성	부드러워야 하고 데미타세잔을 기울이면 부드럽게 늘어나야 한다.
맛 균형	신맛, 단맛, 쓴맛을 포함해서 조화로운 균형이 있어야 한다.
촉감의 균형	풀바디, 라운드, 스무스 해야 한다.

에스프레소의 4가지 요소

CAFE REGULATION

에스프레소 4가지 요소는 4M이라 부르기도 한다.

블랜드 커피 Blend Coffee

혼합이란 맛의 창조라고 할 수 있는데, 에스프레소는 커피를 한 종류보다는 두 가지를 혼합하여 사용하는 것이 좋다. 에스프레소의 품질을 결정하는 2번째 요소로는 볶는 과정과 냉각과정을 들 수 있다. 볶는과정은 커피생두가 커피원두로 바뀌는 과정이고, 이 과정에서 커피원두만이 가지는 감각적인 특성과 물리적인 변화가 이루어진다. 볶는과정이 끝나면 냉각과정으로 들어가게 되며, 이 냉각과정은 수냉식과 공랭식 두 가지 방법이 있다. 포장방식 역시 중요 요인의 하나로 혼합과정의 결실을 맺는 과정이다. 포장방식에서 가장 중요한 변수는 커피원두에 가장 해로운 성분인 산소와 수분을 얼마나 차단시킬 수 있느냐 하는 것이다. 산소는 커피원두를 산화시키는 원인이 되며, 산화과정에서 커피원두의 향이 손실되고, 결국 이취를 발생시킨다. 수분, 즉 습기가 차단되지 않으면 특히 분쇄된 커피의 경우 커피가 굳어버리고 정량임에도 정량의 커피를 만들 수 없는 원인이 되므로 주의하여야 한다. 포장 역시 산화와 습도를 방지하고, 원두의 특성을 보존하는 점에서 매우 중요한 단계이다.

커피 종류에 따라 정확한 양을 포타필터에 담을 수 있도록 세팅되어 있지만, 커피 한 잔을 추출하기 위해 필요한 양은 원두의 종류나 상태에 따라 조금씩 차이가 날 수 있다. 포타필터에 커피를 많이 담게 되면 추출시간이 길어지고, 너무 적게 담으면 추출시간이 짧아서 제대로 된 커피를 추출할 수 없으므로 적정량을 담는 것이 중요하다.

머신 Machine

에스프레소 머신은 물을 가열할 때 발생하는 높은 압력을 분쇄된 커피사이로 통과시켜 커피엑기스를 추출하는 방식이고, 이 때 열과 압력은 커피의 가용성 향 성분과 당밀성 성분을 추출하게 된다. 에스프레소 머신은 물의 온도가 90~95℃ 정도가 되어야 하고, 추출압력도 8~10bar 정도로 일정하게 유지해야 한다.

그라인더 Grinder

일반적으로 원두는 분쇄된 커피보다 더 많은 향을 함유하고 있다. 따라서 미리 커피를 갈아놓고 사용하는 것보다 사용할 때마다 바로바로 갈아서 사용하는 것이 더 많은 향을 보존할 수 있다. 그래서 커피메뉴 제조 시 바로 원두를 갈아서 사용하는 것이 기본이다. 분쇄된 입자의 크기는 에스프레소 추출 시간과도 밀접한 관계가 있다. 커피의 입자를 적절하게 분쇄해서 커피를 추출할 경우 에스프레소 한 잔을 추출하는 데 걸리는 시간이 약 25~30초 사이가 된다. 추출시간이 짧으면 입자가 굵다는 의미이고, 추출시간이 길면 입자가 너무 가늘다는 의미이다. 커피 추출시간에 영향을 미칠 수 있는 또 한 가지는 커피 추출 시 포타필터에 담는 커피의 양이다.

바리스타 Barista

바리스타는 단순히 에스프레소를 추출하고 제조하는 능력만을 소유한 사람이 아니다. 완벽한 추출과 좋은 원두의 선택, 머신의 완벽한 활용, 고객의 입맛에 최대한의 만족을 주기 위한 추출기술 등의 능력을 겸비해야 한다. 어떤 원두를 선택할 것인가? 하는 결정에서부터 어떤 머신을 운용할 것인가? 어떻게 머신의 성능을 유지시킬 것인가? 등을 알아야하며 완벽한 에스프레소를 추출하기 위해 방법을 알고 활용할 수 있는 능력이 있어야 한다. 또한 고객을 직접 상대하고 고객의 요구를 충족시켜주는 일 또한 바리스타의 중요한 임무일 것이다. 고품격의 에스프레소를 만들기 위한 바리스타의 역할은 매우 중요하다.

에스프레소 추출 과정

준비

1. 포타필터 분리

2. 필터바스켓 청결

팩킹
Packing

3. 커피 담기 Dosing

4. 커피 고르기 Laveling

5. 탬핑 Tamping

6. 가장자리 청소

추출

7. 물 흘리기 Purging

8. 그룹 장착

9. 추출버튼 누르기

10. 잔 받치기

정리

11. 커피 케익 제거

12. 포타필터 청소 후 보관

* 연속 추출시 3번 부터 반복

1. 포타필터 분리

커피를 추출하기 위해서 하는 1번째 과정이다. 포타필터는 항상 온도유지를 위해 그룹헤드에 장착해서 보관한다. 분리하는 방법은 오른손으로 잡고 7~8시방향으로 밀어서 아래로 내려주면 분리가 된다. 포타필터는 뜨겁기 때문에 화상에 주의해야 하며 항상 청결하게 관리해야 한다.

● 포타필터 분리

2. 필터바스켓 청결

분쇄된 커피를 담기전에 필터바스켓 내부를 닦아내는 작업을 말한다. 필터바스켓은 항상 커피 찌꺼기와 물기에 노출되어 있어 그대로 분쇄된 커피를 담게된다면 필터바스켓과 커피의 밀착력이 떨어져 추출 시 커피 품질에 영향을 받게 된다. 때문에 항상 커피를 담기전에는 마른행주를 이용하여 건조와 청소를 해야 한다. 색깔이 있는 면 행주를 이용하여 검지와 중지를 필터바스켓 속으로 넣고 엄지는 포타필터 외부를 잡고 2~3회 돌리면서 닦아낸다.

● 필터바스켓 청결

팩킹의 모든 과정이 완료되면 커피담기를 하는 동안 포타필터 날개부분과 필터바스켓 상부에 약간의 커피가루가 남게되는데 이를 제거하는 기술을 말한다. 탬핑 작업이 끝남과 동시에 빠르게 이루어지는 작업이다. 작업하는 동안 필터바스켓에 충격이 가해지지 않도록 주의해야 한다.

3. 커피 담기 Dosing

● 커피담기

분쇄된 원두를 필터바스켓에 담는 과정으로 "도징Dosing"이라고도 한다. 담기는 커피를 추출하기 위해 행해지는 첫 단계로 바리스타에게는 매우 중요한 기술이다. 수동형 그라인더에서 행해지는 담기는 "도저"를 사용한다.

도저 손잡이를 앞으로 당겨 분쇄된 커피를 필터바스켓에 담게되는데 이때 분쇄커피가 한쪽에 치우치지 않도록 골고루 펴서 담는것을 "분배"라 한다. 자동형 그라인더를 사용할 때에도 분배는 수동형과 같은 원리를 사용한다. 자동형 그라인더가 개발되기 전까지는 담기와 분배는 바리스타에게 매우 중요한 추출 기술이었다. 그라인더 발전으로 이 과정의 중요성은 점점 감소시키고는 있지만 아직까지 바리스타의 최고의 기술은 바로 담기와 분배의 숙련도이다.

담기와 분배의 변수

연속적으로 에스프레소를 추출할 때 품질을 유지하기 위한 방법으로 항상 같은 질량의 커피를 담는것이 매우 중요하다. 이론적 규정에서는 담기는 커피무게를 중요하게 말하지만 실제 작업중에는 커피무게를 체크하지 않고 바리스타의 감각을 이용하여 부피를 확인하면서 작업하기 때문이다.

- 호퍼 안의 원두의 양
- 원두의 오일과 신선도
- 그라인더 분쇄날의 마모 등
- 그라인더를 작동 후 도징 시작 시점
- 도징 손잡이를 당기는 속도와 횟수
- 포타필터에 가해지는 움직임과 외부 충격

분배 원리

포타필터에 커피를 담는 동안 좌우로 돌리거나 또는 전후로 움직여 한곳에 커피가 담기지 않도록 하는 기술을 말한다. 그라인더를 작동하여 분쇄되어 배출되는 커피양을 육안으로 파악하면서 적절한 속도로 일관되게 작업하는 것이 매우 중요하다. 통상적으로 사용하는 분배의 기술로는 "나누기법Pie Piece"과 "쌓기법Layering"이 있다.

나누기법 Pie piece	필터바스켓을 파이로 생각하고 여러조각으로 나누어 필터바스켓의 가장자리 높이까지 포타필터를 천천히 돌려가며 커피를 채워나가는 방법이다.
쌓기법 Layering	포타필터를 빠르게 움직이면서 전체적으로 필터바스켓에 커피를 층층히 쌓아가는 방법이다. 쌓기법은 바리스타에 따라 다양하게 응용되기도 하는데 도징 속도조절을 하여 1g씩 12회를 쌓는방법과 0.5g씩 24회를 담는방법이 있다. 바리스타대회 등에서 빠른 속도로 도징하는 기술을 볼 수 있는데 이러한 기술은 쌓기법이다.

담기와 분배 방법 (수동그라인더)

① 그라인더 전면에 부착된 받침대(Fork)에 포타필터를 장착한다.
② 그라인더 전원 스위치를 켜서 분쇄를 시작한다.
③ 도저 손잡이를 반복적으로 당기면서 필터바스켓에 커피를 담는다.
④ 필터바스켓에 정확하게 분배될 수 있도록 포타필터를 천천히 돌려가면서 담는다.
⑤ 원하는 커피양보다 약간 덜 담긴 상태에서 그라인더 작동을 멈춘다.
⑥ 보관기에 남아있는 커피를 담는다.
약간 더 담긴 커피는 고르기 작업을 할 때 제거가 가능하므로 적게 담는 것보다 유리하다.

4. 커피 고르기

담기와 분배작업 후 탬핑을 하기전에 커피를 깨끗하게 수평을 만들어주는 작업을 말하며 레벨링Laveling이라고도 한다. 여러가지 방법이 통용되고 있지만 어떠한 방법을 사용하더라도 가장 근본적인 원리는 필터바스켓에 담겨진 커피를 고루 평평하게 펴주는 작업이다. 일반적으로 통용되는 방법으로는 손을 사용하는 방법, 도구를 사용하는 방법 등이 있다. 손을 사용하는 방법은 가장 어려운 방법으로 꾸준히 연습을 해두면 좋은 효과를 얻을 수 있는 방법이다.

● 커피 고르기

고르기 방법

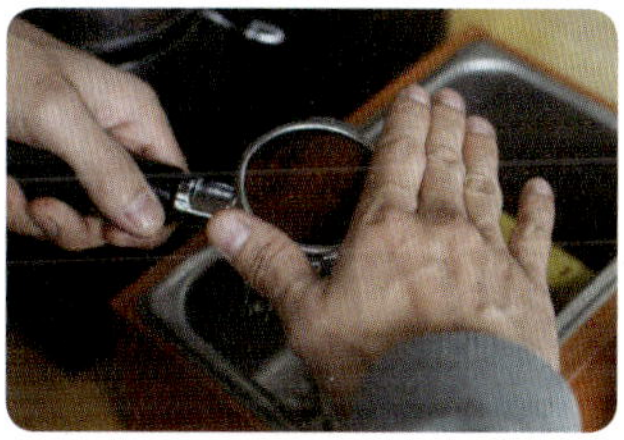

① 엄지와 검지를 이용하여 필터바스켓 가장자리의 커피가루를 안쪽으로 모아준다.

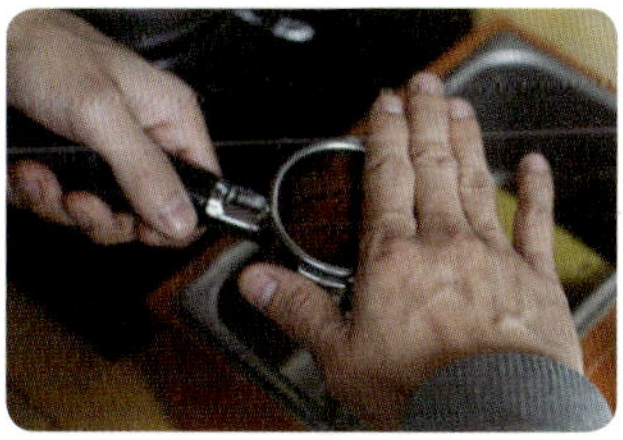

② 필터바스켓 안쪽에 쌓여져 있는 커피가루를 검지를 이용하여 앞쪽 가장자리로 밀어서 이동시킨다.

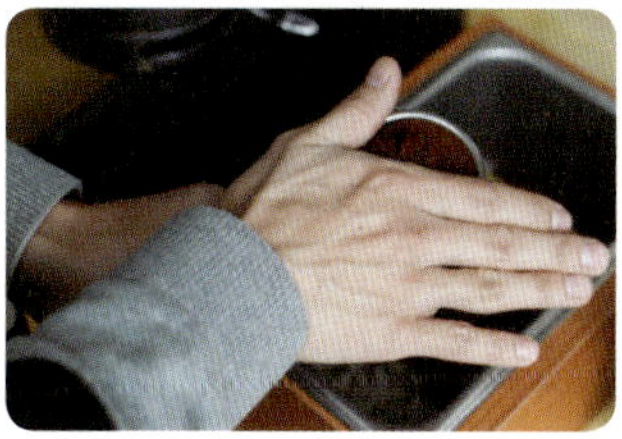

③ 엄지와 검지를 이용하여 앞쪽 가장자리로 이동되어 있는 커피가루를 필터바스켓의 전체 가장자리로 반복적으로 포타필터를 돌리면서 채워나간다.

손 고르기

그라인더 뚜껑 고르기

도구(레벨러) 고르기

5. 탬핑 Tamping

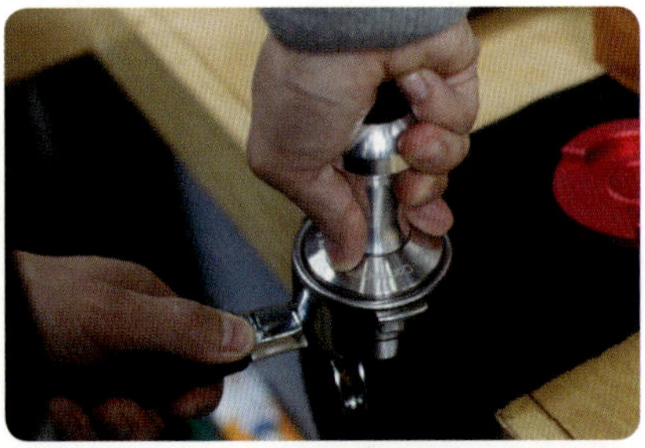

● 탬핑

필터바스켓에 분쇄된 커피를 담아 눌러 다지는 작업을 말하며 추출과정에서 매우 중요한 기술이다. 탬핑을 하지않은 커피가루는 일정한 밀도를 갖지 못하게 된다. 이를 바로 추출로 진행한다면 초기머신에서 생성된 강한 추출압력으로 인해 더 많은 균열이 발생되어 추출수가 일정하게 전체커피로 스며들지 못하게 된다. 때문에 전체커피를 균일한 압력과 밀도를 생성시켜 일정한 추출이 될 수 있도록 커피가루와 가루사이의 공간을 제거하고 필터바스켓과 커피가루의 밀착력을 높여주는 역할을 한다.

또한 바리스타가 원두를 분쇄하고 담기와 분배 후 추출전에 필터바스켓에 담은 커피의 양과 분쇄정도를 가늠할 수 있는 최종적인 단계라 할 수 있다. 빠른시간에 정확한 수평이 이루어지도록 작업되어야 하며 커피추출 과정에서 바리스타의 능력이 최대한 발휘되어야 하는 또 하나의 과정이다.

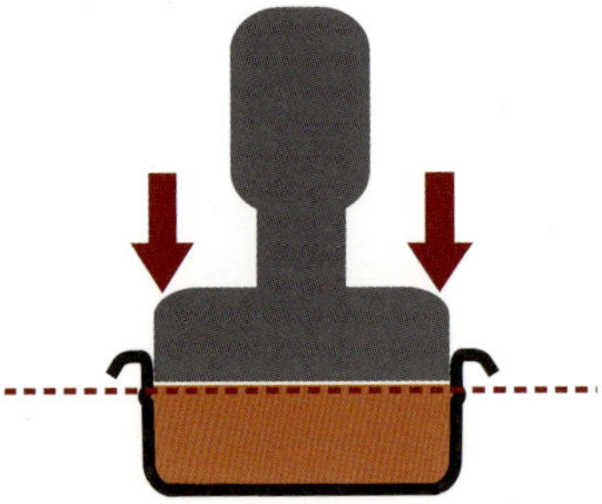

전체적인 힘으로 수평을 유지

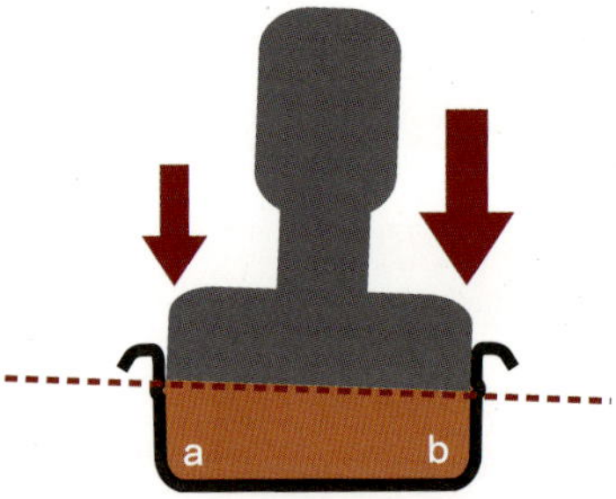

수평이 맞지 않는 상태
a. 약한 밀도가 생성
b. 강한 밀도가 생성

탬핑의 목적

일반적으로 바리스타들은 탬핑강도를 매우 중요하게 생각하는 경향이 있다. 에스프레소 추출시간이 일정하지 않을 때 탬핑강도를 조절하라는 말을 흔히 한다. 하지만 탬핑강도는 추출시간 조절의 목적보다는 추출밀도 변화가 주된 목적이다. 이는 탬핑을 하지않고 커피를 추출해 보면 탬핑할때와 시간상으로는 큰 차이가 나지 않는다는 것을 보면 알 수 있다. 하지만 추출된 향과 맛 등에는 많은 차이가 발생하게 된다.

탬핑은 보통 13kg~20kg 정도로 이루어진다. 때때로 너무 무리한 강도로 탬핑을 하는 바리스타를 볼 수 있다. 그러나 아무리 강한탬핑을 하여도 필터바스켓에 가해지는 초기압력은 200kg(추출시는 50~60kg)이다. 때문에 탬핑의 최대목적은 필터바스켓안의 커피를 균일한 밀도로 만들어 안정된 추출을 유지시킬 수 있는 강도면 충분하며 또 하나의 중요한 목적은 수평의 유지이다.

여러가지 탬퍼 잡는 방법

Horizontal Grip

Slanting Grip

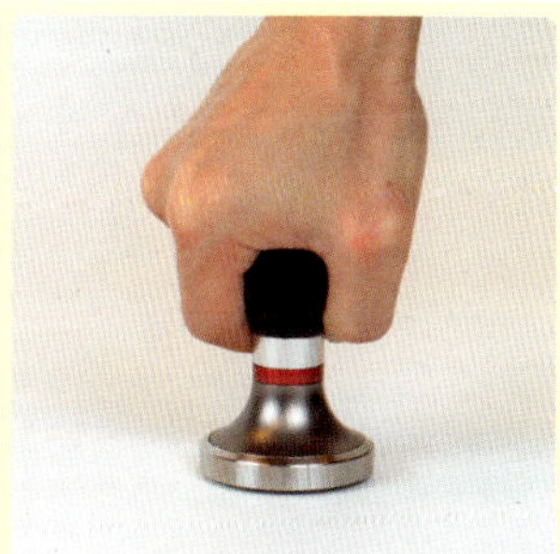

Vertical Grip

Simple Grabbing Grip

Stem Nipping Grip

Base Touching Grip

탬핑 자세 Tamping Posture

탬핑 자세와 잡는방법은 바리스타에게는 매우 중요하다. 커피를 추출할 때마다 끊임없이 이루어지는 작업이기 때문이다. 간혹 잘못된 자세에 의해 손목에 무리가 오는 바리스타도 주위에서 흔히 볼 수 있기 때문이다. 자세를 만드는 것은 우선 탬퍼를 잡는 방법에 따라 달라진다.

● 탬핑 자세

처음일을 시작하는 바리스타는 수평잡기Horizontal Grip나 기울려잡기Slanting Grip를 많이 사용한다. 이는 초기에는 편할 수 있으나 항상 일정한 탬핑강도를 유지하기 힘들고 손목에도 무리가 있을 수 있다. 전문 바리스타들이 많이 사용하는 방법으로 베이스잡기Base Touching Grip나 손잡이잡기Stem Nipping Grip를 권장한다. 빠른 작업에도 수평유지가 좋으며 강한힘을 만들기에 좋다. 자세는 작업대를 기준으로 약 45~90° 측면으로 서서 뒤쪽발에 무게를 실고 앞쪽발은 약간 굽혀 자세를 잡는다. 포타필터를 잡은손의 팔목은 배쪽에 살짝 붙이듯이 하여 작업대에 지지한다. 탬퍼를 잡은손은 탬퍼 바닥면을 중심으로 손목, 팔목이 수평을 유지하는 것이 매우 중요하다.

태핑 Tapping

탬핑을 하고난 후 포타필터에 담겨진 원두는 잘 다져진것처럼 보이지만 자세히 살펴보면 포타필터의 가장자리 벽면사이에 틈이 발생하고 커피가루가 위로 올라와있는 것을 볼 수 있을 것이다. 이러한 문제점을 해결하기 위한 작업이 태핑이다.

● 태핑

0.25mm의 간격의 정밀한 탬퍼를 사용하게 되면 위와 같은 문제는 많이 해결될 수 있다. 최근에는 태핑에 인식도 바뀌고 있는 추세이다. 가장자리에 약간 발생한 커피가루는 커피추출과 품질에 그리 큰 영향이 미치지 않는다고 보고 있기 때문에 태핑을 하지않는 바리스타도 있다. 하지만 그룹개스킷에 커피가루가 흡착되면서 포타필터와의 밀착력이 약해지고 샤워필터 청결성도 문제가 발생될 수 있기 때문에 태핑을 하지않는 것보다는 태핑의 방법을 바꾸거나 정확한 태핑을 할 수 있도록 노력해야 한다.

탬핑과 태핑 방법

회전법

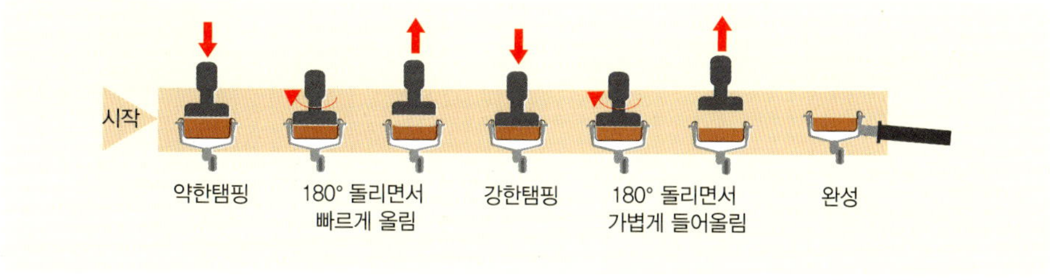

① 1차 탬핑은 2~3kg 정도로 가볍게 누르면서 탬퍼를 180° 돌려 빠르게 들어 올린다.

② 2차 탬핑은 13~20kg 정도로 강하게 누르면서 180° 돌려 빠르게 들어 올려 완성한다.

③ 완성된 상태에서 포타필터를 강한 손목의 힘으로 좌우로 뒤집으면 잔량의 커피가루가 떨어지게 된다.

충격법

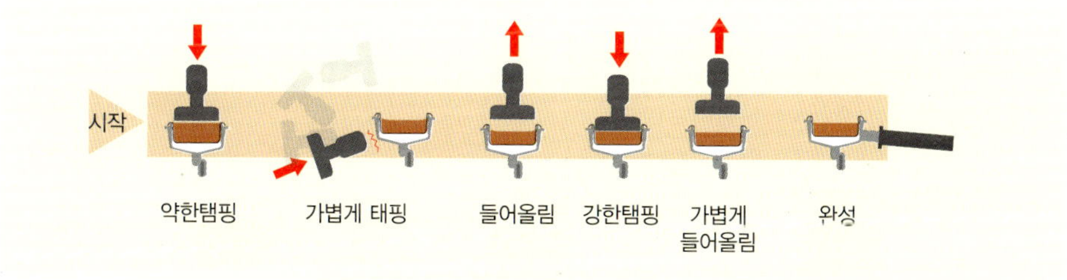

① 1차 탬핑은 2~3kg 정도로 가볍게 눌러준다.

② 탬퍼 손잡이 부분을 이용하여 가볍게 포타필터 외벽은 1~2회(태핑) 쳐준다.

③ 2차 탬핑은 13~20kg 정도로 강하게 눌러준다.

탬퍼의 역할

커피를 다지고 눌러주는 탬핑작업때 사용하는 도구를 말하며 팩커Packer라고 부르기도 한다. 머신 제조회사에서 구매할때 무상으로 제공되기도 하는데 형태는 비슷하나 재질, 모양, 크기는 차이가 있다. 탬퍼는 바리스타의 손크기와 기술을 고려하지 않고 제조되는 경향이 많다. 때문에 전문 바리스타라면 자신에 맞는 탬퍼를 별도로 신중하게 구입해서 사용하기를 권장한다.

● 탬퍼

탬퍼의 형태

전통적인 탬퍼는 가벼운 알루미늄 재질로 평평하게 만들어져 있다. 탬퍼바닥은 평면형(플렛)과 둥근형(커브)의 두 가지가 나뉘고 커브형을 더욱 세분화하여 유로형과 아메리칸형으로 나눌 수 있다. 이는 바리스타의 기술과 추출방식에 따라 알맞게 선택해야 한다. 둥근형은 커피와 필터바스켓 가장자리 사이의 밀착력을 강화하기 위해 사용한다. 유로 커브형은 더욱 움푹 들어가도록 제작되는데 이는 적은양의 커피를 사용하는 유럽식 에스프레소 추출방식에 맞게 제작되어 있다. 하지만 최근에는 새로운 추출방식으로 포타필터의 커피케익의 밀도를 다르게 만들어 추출 향미에 변화를 유도하려는 용도로 사용하는 경우가 많다. 평면형과 둥근형의 형태의 장점만을 살려 혼합형(C-플렛)형태도 있다.

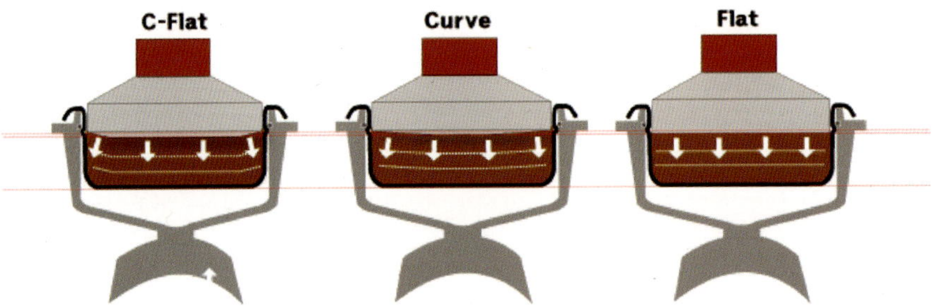

● 탬퍼 형태에 따른 탬핑 모양

탬퍼의 규격

각 머신 제조회사는 설계부터 각각의 다른 규격으로 필터바스켓을 채용한다. 탬퍼를 구매할 때는 사용하는 머신의 규격을 확인하고 선택해야 한다. 시중에 판매되는 많은 머신은 58mm 필터바스켓을 채용하고 있으며 탬퍼와의 적절한 격은 0.5mm(둘레 편차 0.25mm)였을 때 완벽한 탬핑이 이루어진다.

58mm 필터바스켓의 실제 사이즈는 58.7~58.8mm이다. 때문에 탬퍼의 규격은 58.2~58.3mm가 되어야 한다. 하지만 시중에서 판매되는 탬퍼의 대부분은 정밀한 규격으로 가공되지 않아 58mm가 되지않는 경우가 많다. 이렇듯 탬퍼의 선택은 매우 신중해야 하며 필터바스켓과 고정 스프링 홈의모양(58mm 필터바스켓에 홈이 안쪽으로 제작되면 57mm규격으로 표기한다.)을 함께 고려하여 구매하는 것이 좋다.

상업용 에스프레소 머신의 탬퍼 규격 (Tamp Size Chart)

Astoria – 58mm	Conti – 58mm	NuovaSimonelli – 58mm
Astra – 56mm	Elektra – 58mm	Pasquini – 57mm
Aurora – 56mm	Expobar – 58mm	Rancilio – 58mm
Azykoyen – 58mm	Faema – 58mm	Reneka – 57mm
Bezzera – 58mm	Futurmat – 58mm	San Marco – 55mm
Brasilia – 58mm	Gaggia – 58mm	Spaziale – 53mm
Bunn – 58mm	Isomac – 58mm	Unic – 56mm
Caramali – 58mm	La Marzocco – 57mm	VFA – 58mm
Cimbali – 58mm	La Pavoni – 56mm	Wega –58mm

● 탬핑을 자동으로 하는 탬퍼가 가능한 자동 탬퍼 머신

6. 가장자리 청소

포타필터 가장자리 청소

탬핑이 완료되면 필터바스켓 가장자리(림) 부분에 커피가루를 청소해준다. 만일 청소를 하지않고 연속적으로 커피를 추출한다면 그룹헤드 가장자리의 고무가스켓 부분에 커피 찌꺼기가 흡착되어 압력이 새는 현상이 발생될수 있다. 일반적으로 도구를 쓰지않고 손바닥으로 닦아내고 엄지와 검지로 털어내면 된다. 이때 너무강한 충격으로 커피에 손상이 생기지 않도록 주의해야 하며, 포타필터 스파웃에 커피가루가 묻지 않도록 한다.

7. 추출 전 물 흘리기 Purging

추출 전 물 흘리기

추출 전에 이루어지는 과정으로 샤워필터 청결과 커피추출 온도유지라는 두 가지의 목적으로 추출버튼을 눌러 추출수를 2~3초 배출시키는 작업이다. 에스프레소 머신의 대기시간에 따라 배출되는 추출수의 온도는 일정하지 않게 된다. 이 작업은 자신이 사용하는 머신의 구조와 특징을 정확히 파악하여 이루어져야 한다. 일반적인 머신은 장시간 사용하지 않는 경우 과열현상이 발생하는데 초기에 배출되는 추출수의 온도가 너무 높아 수증기와 함께 배출되어 심한소음이 발생하기도 한다. 이때 일정한 시간만큼 추출수를 배출시켜 주게되면 조용해지고 거품도 사라지게 된다. 이러한 시점을 잘 파악해서 추출작업이 진행되어야 하며 너무많은 시간이 소요된다면 커피를 담기위해 포타필터를 그룹에서 분리하는 시점에 미리 시행하는 방법도 있다.

8. 그룹 장착

커피를 추출하기 위해 그룹헤드에 포타필터를 장착하는 마지막 최종단계이다. 하지만 많은 바리스타들이 소홀히하는 경향이 있다. 커피의 담는 일련의 과정은 매우 중요하다. 이러한 노력의 결과가 잘못된 장착으로 인해 한순간에 물거품이될 수 있기 때문이다. 흔히 발생하는 문제는 그룹헤드에 부딪쳐 발생하는 충격일 것이다. 태핑과정에서 언급했듯 외부의 심한충격으로 커피케익에 균열이 발생될 수 있기 때문이다.

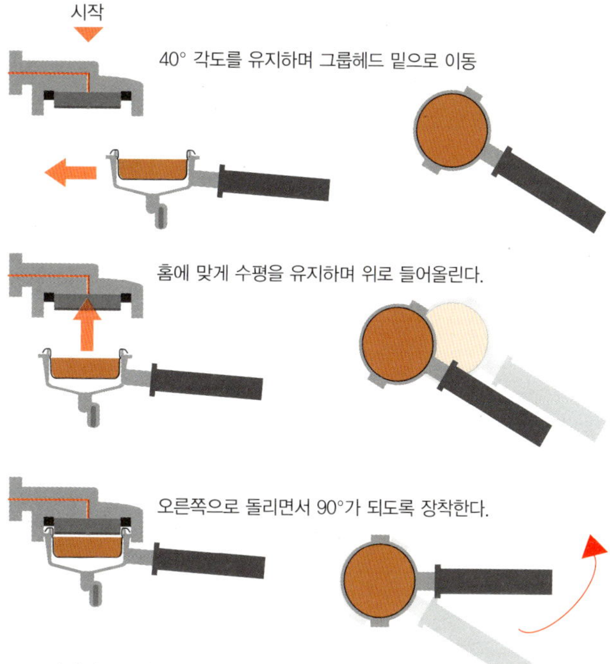

● 포타필터 그룹헤드 장착하는 방법

또 하나의 문제로는 장착 후 추출을 바로 실행하지 않는 것이다. 이 경우는 커피케익이 수분에 노출되어 상부층 커피가 손상되는 문제가 발생된다.

9. 추출버튼 누르기

포타필터를 그룹에 장착한 후 추출버튼은 바로 눌러줘야 한다. 그룹에 장착된 커피케익은 바로 열기와 수분에 노출된다. 이때 바로 추출작업이 이루어지지 않는 경우의 커피는 추출전에 손상되어 커피추출에 좋지 않은 영향을 준다.

● 추출버튼 누르기

10. 잔 받치기

커피 추출버튼을 누른 후에도 커피는 바로 추출되지 않는다. 보통 정확한 작업이 이루어진 경우는 3~8초까지 인퓨징시간이 걸린다. 이시간을 이용하여 에스프레소 머신 상부 워모위에 있는 잔을 내려서 포타필터 스파웃에 정확히 내려 놓으면 된다.

포타필터에 잔 받치기

11. 커피 케익 제거 / 12. 포타필터 청소 후 보관

모든 추출이 완료되면 포타필터안에 커피케익이 있는 상태로 어느 정도 보관은 문제가 발생되지 않는다, 하지만 다음 커피추출을 위하여 포타필터를 적절하게 관리해야 한다. 포타필터를 분리하여 커피케익Coffee Cake을 넉박스Knock Box에 버린후 마른행주로 필터바스켓 내부의 커피 찌꺼기를 깨끗하게 닦아내면서 추출수을 흘려 샤워필터에 커피 찌꺼기를 함께 씻어낸다. 그 후 포타필터를 재장착하고 다시 한번 추출수를 흘려 행주로 닦아 낼 수 없는 포타필터 내부와 스파웃에 커피액을 추출수로 다시 씻어주는 것이다. 이는 항상 다음 추출을 위한 완벽한 준비를 하는것이며 장시간 추출을 하지않더라도 수시로 추출수를 흘려 추출수와 포타필터가 과열되거나 건조되는 것을 방지할 수 있다.

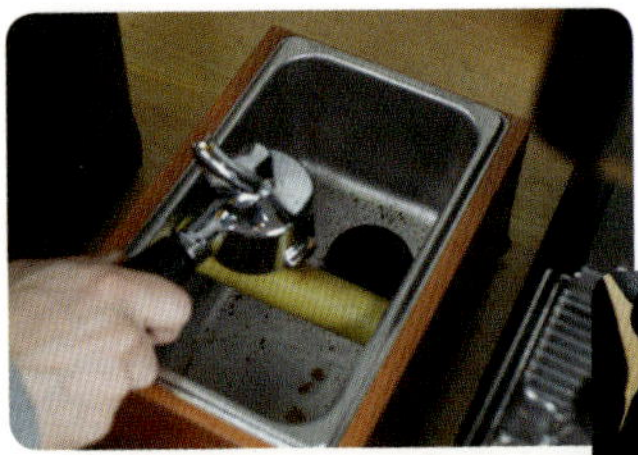

1. 커피 케익 제거

2. 포타필터 청소

3. 포타필터 머신 장착 보관

우유스티밍

우유스티밍은 스팀 완드 팁에서 고압 스팀을 이용하여 작업한다. 스팀 완드의 각도 및 담그는 깊이에 따라 고운 거품 또는 거친 거품이 나오게 된다.

되도록 스팀 완드와 우유 표면은 90°의 각도를 유지하는 것이 좋다. 에스프레소 머신의 종류에 따라 직각이 안 되는 경우가 많지만 이때는 최대한 직각으로 맞추면 된다. 너무 깊이 집어넣으면 공기가 우유 속에 빨려 들어가지 않고, 우유의 표면에서 너무 가깝게 작업하면 거친 거품이 일어나게 된다. 그러므로 스팀 팁의 적당한 위치를 파악하고 많은 연습을 통하여 고운 거품을 낼 수 있어야 한다. 스팀 작업 시 주위에 다른 향기가 많으면 우유 속에 그 향도 빨려 들어가기 때문에 주변 공기에 대해서도 주의를 기울여야 한다.

유스티밍은 스팀 완드 팁에서 분출되는 고압 스팀을 이용하여 작업한다. 스팀 완드의 각도 및 담그는 깊이에 따라 거품의 품질 즉, 고운 거품 또는 거친 거품이 나오게 된다.

스티밍 작업 시작시 스팀 완드는 우유 표면과 90° 정도의 각도를 유지하는 것이 좋다. 에스프레소 머신의 종류에 따라 수직이 되지 않는 경우가 있는데 이때는 최대한 수직으로 맞추도록 힌다. 또한 스팀 완드를 너무 깊이 우유 속에 집어넣으면 공기가 우유속으로 빨려 들어가지 않고, 반대로 표면에서 너무 가깝게 하면 거친 거품이 일어난다. 그러므로 스팀 완드의 적당한 깊이를 파악하고 많은 연습을 통하여 고운 거품을 낼 수 있어야 한다. 스티밍은 작업 주위에 다른 냄새가 있으면 우유 속에 그 냄새도 함께 빨려 들어가기 때문에 항상 주변 청결에 주의를 기울여야 한다.

스티밍 작업은 총 3단계로 분류할 수 있는데 1단계는 우유에 공기를 넣어 주고, 거품과 우유를 혼합하는 2단계로 진행된다. 마지막 3단계는 만들고져 하는 커피음료의 종류에 따라 적정한 온도에 도달하면 마무리된다. 바리스타는 시각, 청각, 후각, 촉각 등의 모든 감각을 사용하여 작업해야 한다. 그중 가장 중요한 것은 청각이다. 공기주입 단계에서는 주입되는 공기양에 따라 스티밍 소리가 달라지는데 이 소리를 파악하여 주입되는 공기양을 조절한다. 또한 거품을 혼합하고 마무리하는 단계에서도 스팀 피쳐 안에서 우유가 회전하는 속도 및 온도

변화에 따라 다양한 소리가 발생한다. 결론적으로 우유 스티밍은 소리에 의한 작업이라 할 수 있다.

우유 스티밍의 정의

에스프레소를 이용한 베리에이션 메뉴에 있어 우유는 주재료처럼 사용되는 재료이다. 그래서 우유를 선정할 때는 커피 원두를 선정할 때처럼 여러가지 품질 기준에 맞춰 선택하는 것이 좋다. 에스프레소 메뉴에 있어서 우유의 핵심은 스티밍steaming이다. 스티밍한 우유는 아주 미세한 거품을 가지고 있는데, 거품이 눈에 보일 정도라든가, 과열된 상태일 경우 질감이 떨어지게 된다. 스티밍을 하는 모든 과정에 있어 파악해야 할 세 가지 요소는 다음과 같다.

시각: 스팀 팁의 위치

스팀 팁이 우유 표면에서 1cm 이상 깊게 들어가지 않도록 우유에 담근 상태에서 스팀을 틀어 스티밍을 시작한다. 공기주입 시에는 피쳐의 좌 · 우측 외곽 쪽에서 우유의표면 가까이에 스팀 팁이 위치하게 하는 것이 좋고, 혼합 · 안정화 과정에서는 같은 위치에서 1cm 정도를 더 담가 공기주입을 조절하여 급격한 회전으로 인해 우유가 넘치는 현상을 막을 수 있도록 위치를 조정해야 한다.

청각: 공기주입

스티밍을 할 때 공기주입을 하는 시간과 그 양에 따라 거품의 두께는 변하게 된다. 공기주입을 많이 할수록 거품이 두꺼워지고, 공기가 많이 들어가게 됨에 따라 점성을 갖게 되어 끈끈해 보이는 느낌을 받게 된다. 또 공기주입 시 스팀 팁의 위치가 거품의 크기와 질을 결정할 수 있기 때문에 공기주입 시 스팀 팁을 1cm 미만으로 우유에 담근 상태에서 노즐과 우유의 표면이 거의 맞닿게 하여 거품이 생성되는 과정을 눈과 귀로 직접 판단하여 적절한 거품의 상태를 조절할 수 있어야 한다. 스팀 팁과 우유의 표면이 멀어질수록 거품이 커지고 가까울수록 거품이 작아지는데, 피쳐가 많이 움직이면 거품이 불안정하게 형성되므로 주의해야 한다.

온도: 혼합과 안정화

혼합과 안정화 과정은 데워지는 우유와 거품을 혼합시킴과 동시에 불안정한 상태의 거품을 안정된 상태로 만들어 주는 과정으로, 이 과정에서 곱고 균일한 상태의 스팀밀크를 얻을 수 있다. 또 우유가 회전하면서 우유와 우유거품이 분리되는 것도 지연시킬 수 있다. 효과적으로 회전시키기 위해서는 우유의 표면이 반들반들할 정도가 됨과 동시에 거품이 새로 만들어지거나 우유가 튀지 않을 정도의 빠른 속도를 유지하는것이 좋고, 이런 속도를 유지하면서 안정화를 시킬 때 피처에 손을 붙였다 뗐다를 반복하며 온도를 확인하여야 한다. 약 3초 이상 손을 댈 수 없을 정도일 때 스팀을 꺼주면 되는데, 이때의 온도는 55~70℃ 정도이다.

우유 스티밍 개념

사전 준비	→	우유 스티밍	→	우유 안정화	→	따르기
준비		스티밍 단계		품질향상		음료조리

● 우유 준비에서 음료까지의 작업순서

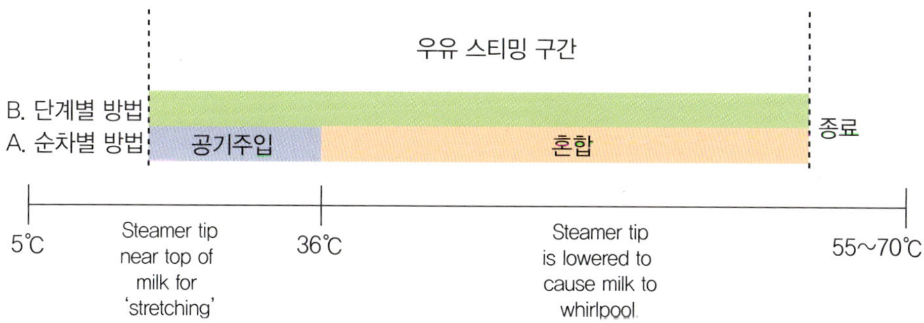

● 우유 스티밍 방법

우유 스티밍 방법

A. 순차별 방법

공기주입과 혼합 작업을 순차적으로 시행하는 방법으로 공기주입 단계에서 원하는 만큼의 공기를 적절하게 주입하기가 용이하다.

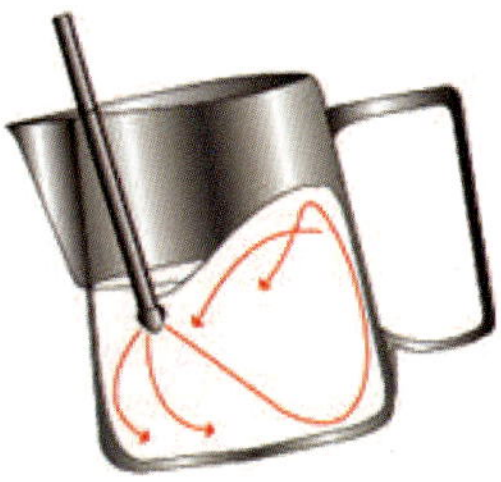

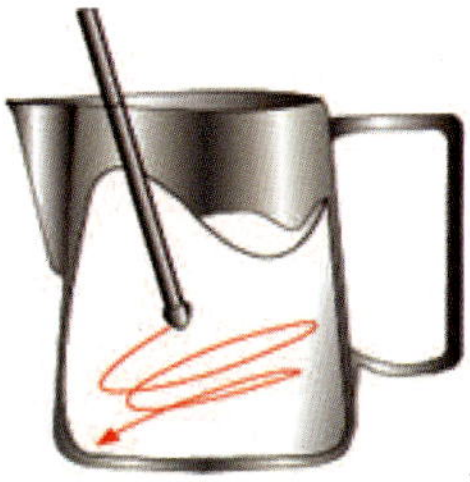

① 공기주입 단계
공기주입은 36~38℃ 정도에서 끝내게 된다. 단백질은 불안정한 물질로 열에 매우 약하여 40℃ 이상에서는 성질이 변해 버리게 되기 때문이다. 일단 변성 되면 원래의 형태로는 복구가 불가능하게 되므로 단백질의 변화가 크지 않는 온도에서 끝내야 하기 때문이다.

② 거품 혼합 단계
공기주입으로 팽창된 우유는 가벼워져 스팀 피쳐의 위쪽에 쌓이게 된다. 이러한 우유거품을 전체 우유와 골고루 섞어 전체적인 우유의 밀도를 같게 만들어 주는 작업을 말한다.

③ 마무리 단계
지속적으로 혼합 작업을 하는 동안 우유의 온도는 상승하게 된다. 75℃가 넘게 되면 지방이 응고되고 거품과 우유가 다시 분리되면서 끓어 버리게 된다. 항상 55~70℃ 정도의 적절한 온도로 마무리하는 것이 매우 중요하다.

B. 단계별 방법

공기주입과 혼합을 동시에 시행하는 방법으로 아주 미세한 거품을 생성시키는데 좋은 방법이다.

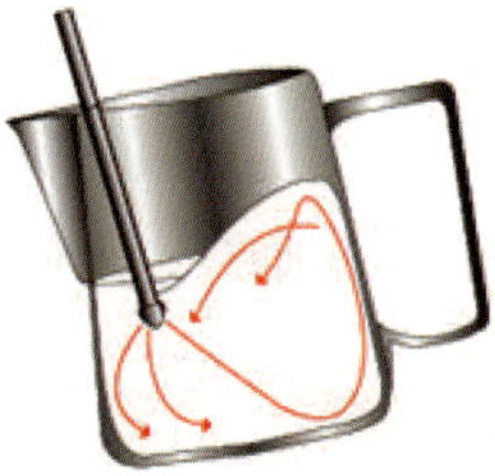

① 거품 혼합 단계
공기주입으로 팽창된 우유는 가벼워져 스팀 피쳐의 위쪽에 쌓이게 된다. 이러한 우유거품을 전체 우유와 골고루 섞어 전체적인 우유의 밀도를 같게 만들어 주는 작업을 말한다.

② 마무리 단계
지속적으로 혼합 작업을 하는 동안 우유의 온도는 상승하게 된다. 75℃가 넘게 되면 지방이 응고되고 거품과 우유가 다시 분리되면서 끓어 버리게 된다. 항상 55~70℃ 정도의 적절한 온도로 마무리하는 것이 매우 중요하다.

우유 스티밍 안정화

커피 메뉴에 따라 우유거품의 상태를 조절하고 스티밍 과정에서 약간의 실수를 보안해주는 작업이다. 기술이 뛰어난 바리스타라 하더라도 약간의 큰 거품이 존재하게 된다. 이러한 공기방울을 제거하는데 필요한 기술이라 할 수 있다.

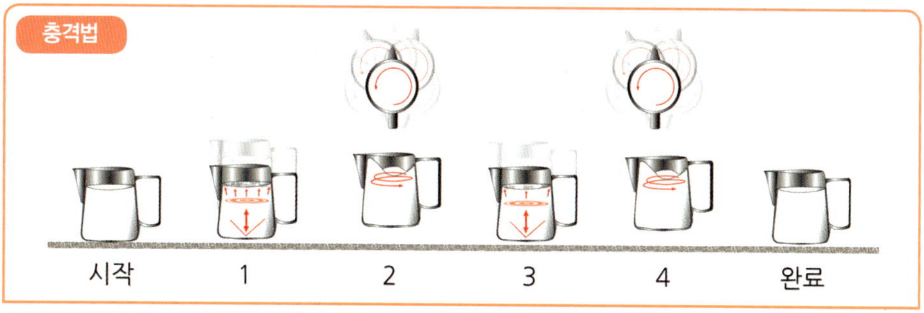

충격법

시작. 스티밍이 끝나고 잠시 놓아두면 큰 거품이 위쪽으로 올라오게 된다.

1. 바닥에 스팀 피쳐를 2~3회 "탁탁" 때려주면 우유 상부의 거품이 터진다.
2. 피쳐를 강하게 스팀 피쳐 상부까지 우유가 올라오도록 깊게 돌려 섞어준다.
3. 1번 보다는 약하게 2~3회 "톡톡" 때려주면 미세한 우유거품이 터진다.
4. 2번 보다는 약하게 돌려 완성한다.

* 1.3번 작업을 과도하게 하면 우유거품과 우유가 분리될 수 있다.
* 2.4번 작업을 과도하게 하면 우유가 너무 미세해져 맛이 텁텁해질 수 있다.

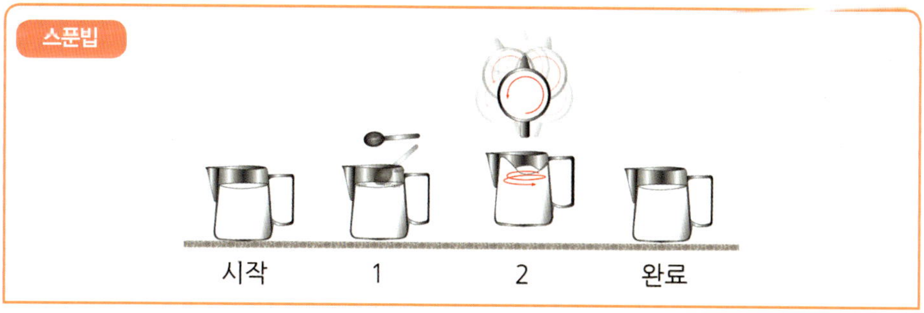

스푼법

시작. 스티밍이 끝나고 잠시 놓아두면 큰 거품이 위쪽으로 올라오게 된다.

1. 윗부분의 큰 거품을 가장자리 중심으로 스푼을 이용히여 걷어낸다.
2. 피쳐를 들어 강하게 스팀 피쳐 상부까지 우유가 올라오도록 돌려 섞어준다.

* 2번 작업을 과도하게 하면 우유가 너무 미세해져 맛이 텁텁해질 수 있다.

우유 스티밍 분배법

보조피쳐를 이용한 우유 분배법

우유거품의 분배는 한잔의 카푸치노를 만들 때엔 발생되지 않는 문제이지만 같은 2잔을 동시에 만들 때엔 매우 중요한 기술이다. 완벽한 우유스팀을 하더라도 윗부분과 아랫부분의 약간의 우유밀도 차이가 발생한다. 이러한 우유거품을 한잔 한잔씩 바로 따르게 되면 거품양의 차이가 발생할 수 있어 분배하여 나누는 방법을 사용하게 된다. 일반적으로 많이 사용하는 두 가지 방법이다.

전통법

전통법

1. 첫 번째 잔에 스팀우유를 반 정도만 따른다.
2. 두 번째 잔에 스팀우유를 완전히 따른다.
3. 첫 번째 잔에 나머지 스팀우유를 따른다.

라떼아트법

라떼 아트법

1. 보조피쳐에 적당한 우유거품을 따라 놓는다.
2. 첫 번째 잔에 스팀우유를 따른다.
3. 보조피쳐에 따라 놓은 우유거품을 따르는 피쳐에 옮겨 담는다.
4. 두 번째 잔에 스팀우유를 따라서 2잔을 완성한다.

우유 스티밍 실전

1. 제조하려는 음료에 맞는 적당한 크기의 차가운 스팀 피쳐를 선택하여 알맞은 양의 냉장 우유를 넣는다.

2. 스팀 밸브를 열어 스팀 완드에 남아 있는 물을 제거한다.

3. 스팀 완드를 스팀 피쳐에 담겨 있는 우유의 한 가운데에 위치한다.

(1) 스팀 완드는 스팀 피쳐 안 우유의 중앙에 위치하여 넣는데, 이때 스팀 팁의 팁 부분(스팀 완드)이 완전히 잠긴 상태이어야 한다.

(2) 스팀 완드를 너무 깊이 집어넣으면 스팀 피쳐의 온도를 빨리 상승시켜 우유 온도도 빨리 올라가기 때문에 스팀 완드가 잠길 정도로 집어넣는 것이 중요하다(우유 표면 밑 1~2cm 깊이).

4. 스팀 완드를 직각으로 세운다.

우유 표면과 스팀 완드의 각도는 되도록 직각을 이루는 것이 좋다. 그 이유는 노즐 구멍에서 나오는 스팀의 세기는 똑같기 때문에 비스듬하게 하거나 중앙이 아닌 한쪽으로 치우쳐 사용하게 되면 우유가 골고루 데워지지 않고 스팀 피쳐의 벽면에 스팀이 닿을 수 있으며, 이로 인해 스팀이 우유를 데우는 것보다 스팀 피쳐를 가열하게 되어 우유가 빨리 데워지기 때문이다.

5. 스팀 밸브를 열어 가열을 시작한다.

(1) 가열 시 우유의 온도

적당한 온도라 함은 정확한 기준은 없으나, 통상 55℃에서 70℃까지 온도를 높여 사용한다. 이를 넘어 과도하게 온도를 높일 경우, 우유의 피막 현상 및 영양소의 파괴, 비릿한 냄새 등이 발생하게 된다. 스티밍 시 피쳐 바닥이 아닌 피쳐 벽에 손을 대어 감으로 온도를 잴 수 있을 때까지 연습해야 하고, 그 전까지는 온도계를 이용하여 체크하는 것도 한 방법이다.

55℃에서 70℃ 사이에 우유 데우기를 완성하는 것이 바로 음용하기에 좋으나 음료 서빙의 시간이 걸리는 매장이거나, 추운 겨울 손님의 취향을 반영하여 조금 더 온도를 높이는 것은 바리스타의 재량이다.

(2) 가열 시 스팀 피쳐를 잡는 방법

한 손은 스팀 피쳐의 손잡이를 잡고, 나머지 한 손은 스팀 피쳐의 바닥이 아닌 스팀 피쳐의 옆면에 위치하여 온도를 감지한다. 숙달되기 전까지는 온도계를 이용한다. 간혹 한 손을 스팀 손잡이나 레버를 쥐고 있는 경우가 있으나, 불필요한 행위이다.

6. 55℃에서 70℃ 사이의 원하는 온도가 되면 스팀 손잡이를 오른쪽으로 돌려 스팀을 마무리한다.

7. 우유 데우기를 마친 즉시 스팀 손잡이를 다시 왼쪽으로 돌려 스팀 완드에 남아 있는 우유를 제거한다.

매번 우유 데우기를 마치면 스팀 밸브를 열어 스팀 팁 안에 차 있는 빨려 올라간 우유(밸브를 잠그면 기압차로 인해 우유가 스팀 완드 안으로 빨려 올라감)와 잔여물을 빼주어야 한다. 이는 위생과 관련이 있으며 에스프레소 머신의 수명과도 관련이 있다.

이때 반드시 트레이 방향으로 파이프를 돌리고 행주로 감싸야 한다. 행주로 감싸지 않으면 잔여 우유가 튀어서 에스프레소 머신 주위가 지저분해지고 위생상 좋지 않기 때문이다.

8. 스팀 완드와 스팀 팁에 묻어 있는 우유를 깨끗한 헝겊으로 닦아 마무리한다. 스티밍용 행주를 항상 구비하여 스티밍 전후 반드시 스팀 완드에 묻어 있는 우유를 닦아서 위생적으로 작업하여야 한다.

9. 음료 제조 후 스팀 피쳐 보관하기

음료 제조 후 스팀 피쳐 안에 남아 있는 잔여 우유를 깨끗이 씻어서 차갑게 보관해야 하고, 우유가 남아 있거나 따뜻한 상태의 스팀 피쳐를 다시 사용하는 일이 없어야 한다. 이는 위생상의 문제도 있지만, 음료의 품질을 저하시키는 요인이기 때문이다.

10. 보조피쳐 사용

큰 스팀 피쳐를 사용하여 우유 데우기를 하였을 경우 보조피쳐를 사용해 나누어 사용함으로써 균일한 음료의 맛을 추구하는 경우가 있다. 이때 사용하는 보조피쳐는 반드시 뜨거운 물로 데워 사용해야 한다. 차가운 보조피쳐를 사용하면 우유의 온도가 떨어질 수 있기 때문이다.

11. 우유 데우기의 트렌드

우유 데우기에 있어서 일반적으로 거품 없이 데우는 방법이 전통적이나, 최근엔 약간의 거품을 생성시킨 후 전체적으로 섞어서 음료의 베이스로 사용하는 곳들도 있다.

차가운 우유거품 실전

CAFE REGULATION

차가운 우유거품 만드는 도구

프렌치 프레스

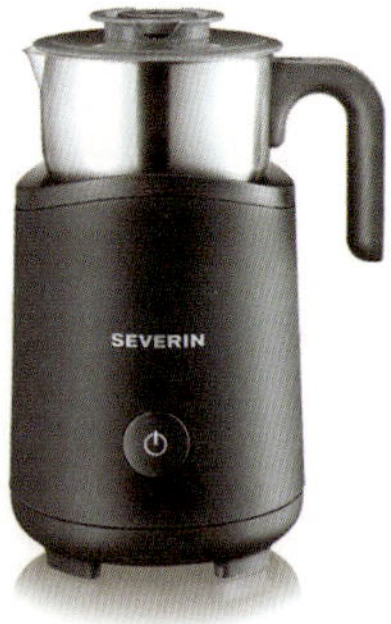

자동우유거품기

전동거품기

셰이커

프렌치 프레스와 우유거품기를 이용하여 우유거품 만들기

1. 적당량의 우유를 프렌치 프레스 거품기 안에 넣는다.

2. 손잡이를 잡고 위, 아래로 뻑뻑한 느낌이 올 때까지 왕복하여 우유에 거품을 만든다.

3. 프렌치 프레스의 미세한 공기 구멍들 사이의 공기가 우유에 들어가면서 매우 조밀한 우유거품이 만들어지게 된다.

전동거품기를 이용하여 우유거품 만들기

1. 적당량의 우유를 스팀 피쳐 또는 용기 안에 붓고 전동거품기를 넣는다.

2. 전동거품기의 전원을 눌러 회전력을 느끼며 위, 아래로 움직여 공기를 주입하여 고운 거품을 만들어 낸다.

3. 별도의 용기나 음료에 따라 준다.

셰이커를 이용하여 우유거품 만들기

1. 적당량의 우유를 셰이커 바디에 따른다.

2. 셰이커 바디에 스트레이너와 캡을 닫는다.

3. 별도의 용기나 음료에 따라 준다.

커피 메뉴 이름으로 알아보는 이탈리아어

caffè: 1. 커피나무 열매 2. 커피 3. 커피점

esprèsso: 1. 명백한 2. 속달

ristrétto: 1. 좁은 2. 보잘 것 없는 3. 제한된

doppio: [부사] 이중으로, 두배로

lungo: [어원] [라틴어] {longus} 1. 긴 2. 길이 3. …을 따라

macchiato: 1. 얼룩의 2. 변색한

con: (동반, 참가) …와 함께, (소유) …을 가진, …을 소유하는, (결합, 혼합) …이 딸린, …을 넣은

panna: [여성명사] 생크림(=crema di latte); 유피(乳皮)(=pelle di latte) 우유에서 빼낸 지방분

americano: 1. 미국의 2. 미국인

cappuccino: 1. 수도사 2. 카푸치노

latte: [남성명사] 유제품, [남성명사] [植] 식물유(乳)

limóne: 1. 레몬 나무 2. 레몬

cioccolato: [남성명사] 초콜릿

tazza: 1. 찻잔 2. 분수의 수반

Capri: 이탈리아 남부에 위치한 섬

shaker: (칵테일의) 쉐이커

ràto: 1. 비준된 2. 승인한

shaker ràto: (칵테일의) 쉐이커 / 1. 비준된 2. 승인한

frappé: [형용사] 쉐이크

corrétto: 1. 바른 2. 정직한 3. 첨가물이 들어간

affogato: 압도하는, 억압하는

tiramisu: [이탈리아 디저트] 티라미수

시연자
김
민
호

2013년 네스카페 신메뉴 샘플 영상 시연
2013년 WCCK 커피인굿스피릿 한국국가대표 선발전 참가
2014년 WCCK 커피인굿스피릿 한국국가대표 선발전 참가 및 결승 진출
2015년 WCCK 커피인굿스피릿 한국국가대표 선발전 참가 및 결승 진출

CBSC International 전무
CBSC 센서리 교육 트레이너
커피나무 출판사 대표
Coffee T&I 매거진 발행인(2011~2015)
e-mail: sunny@cbsc.nworks.me

자격
WBC 월드바리스타챔피언십 심사위원(2012~2016)
WLAC 월드라떼 아트챔피언십 심사위원(2013~2014)
SCAE Authorised Trainer Agreement(2012~2017)
SCAA Barista 자격 취득(2014)
CQI Q-Grader 자격 취득(2010, USA)

심사경력
2015 WBC 월드바리스타챔피언십 센서리 심사위원(미국)
2015 KNBC 한국내셔널바리스타챔피언십 헤드 심사위원(대한민국)
2014 WBC 월드바리스타챔피언십 센서리 심사위원(이탈리아)
2014 CBC 중국바리스타챔피언십 헤드 심사위원 (중국)
2014 TBC 타이완바리스타챔피언십 센서리 심사위원(대만)
2014 UBC 얼티밋바리스타챌린지 심사위원(러시아)
2014 WRC 월드로스터스컵 센서리 심사위원(타이완)
2014 KNBC 한국내셔널바리스타챔피언십 헤드 심사위원(대한민국)
2013 WBC 월드바리스타챔피언십 센서리 심사위원(호주)
2013 CBC 중국바리스타챔피언십 헤드 심사위원(중국)
2013 PIBC 푸산인터내셔널바리스타챔피언십 심사위원(중국)
2013 KNBC 한국내셔널바리스타챔피언십 헤드 심사위원(대한민국)
2012 WBC 월드바리스타챔피언십 센서리 심사위원(오스트리아)
2012 WRC 월드로스터스컵 센서리 심사위원(타이완)
2012 KNBC 한국내셔널바리스타챔피언십 헤드 심사위원(한국)
2011 WRC 월드로스터스컵 센서리 심사위원(타이완)
2011 KNBC 한국내셔널바리스타챔피언십 센서리 심사위원(대한민국)
2010 UBC 얼티밋바리스타챌린지 비주얼 심사위원(중국)
2010 KNBC 한국내셔널바리스타챔피언십 센서리 심사위원(대한민국)
2009 UBC 얼티밋바리스타챌린지 비주얼 심사위원(중국)

감수
윤선희

COFFEE REGULATION

카페 메뉴 84

2쇄 발행 2022년 9월 20일

지은이 이영민
디렉터 성백철
사진제공 CBSC International
펴낸곳 오스틴북스 / **주소** 경기도 고양시 일산동구 백석동 1351번지
전화 070 - 4123 - 5716 / **팩스** 031 - 902 - 5716
등록 2010년 2월 26일 제396-2010-000009호
ISBN 979-11-88426-46-1 13570
정가 27,000원

이 책에 대한 의견이나 오탈자 및 잘못된 내용에 대한 수정 정보는 아래 이메일로 알려주십시오.
잘못된 책은 구입하신 서점에서 교환해 드립니다.
홈페이지 www.austinbooks.co.kr
이메일 ssung7805@hanmail.net

Published by AUSTINBOOKS. Printed in Korea

Hot water
Dispenser
84

nuova